Rennmäuse

glücklich & gesund

> Autor: **E. Kötter** | Mitarbeit: **E. Ehrenstein** | Fotos: **Ch. Steimer**

Inhalt

Kennenlern-Programm

Beschäftigungs-Programm

Anhang

Wohlfühl-Heim

Was spricht für Rennmäuse?

Rennmäuse sind einfach unwiderstehlich. Seit nahezu zwanzig Jahren bin ich von ihnen begeistert und habe währenddessen verfolgt, wie sie binnen kurzer Zeit zum heimlichen Star unter den

> *Rennmäuse sind ideale Heimtiere, weil sie tag- und nachtaktiv sind.*

Kleinnagern im Zoofachhandel aufstiegen. Inzwischen haben sie auf der Beliebtheitsskala der Heimtiere dem Hamster den Rang abge-

laufen. Ihr quirliges, neugieriges Temperament sowie ihr interessantes Verhalten regt zum Beobachten an und garantiert jede Menge Spaß, vor allem wenn Sie ihnen immer genügend Spielzeug zum Zernagen (→ Seite 52) anbieten. Wenn Sie also gern ein quietschlebendiges Wesen bei sich aufnehmen möchten und Tierhaarallergien bei allen Hausbewohnern ausgeschlossen sind, scheinen Rennmäuse genau das Richtige für Sie zu sein. Mit anderen Rennmausfreunden können Sie sich darüber hinaus in einer stetig wachsenden Fangemeinde weltweit austauschen (→ Seite 60).

Klasse für Kids

Erwachsene können über Rennmäuse leicht ihre Liebe zum Tier entdecken. Kindern fällt dies, weil sie ähnlich lebhaft sind, noch leichter. Rennies sind kindgerecht ab einem Alter, in dem das Kind unter Anleitung Erwachsener bereits verständig mit Tieren umgehen kann, also etwa mit Eintritt in die Schule. Wenn Kinder selbstständig die pflegeleichten Tiere halten möchten, reicht meist eine dezente Hilfestellung von Erwachsenen aus. Erklären Sie Ihren Kids aber von Anfang an, dass es keine Kuscheltiere sind, sondern lebendige Wesen. In Kindergärten und Schulklas-

TIPP

Was Rennmäuse brauchen

Rennmäuse sind im Vergleich zu anderen Kleinnagern außerordentlich pflegeleicht. Sie riechen bei richtiger Pflege nie auffällig und werden selten krank. Das Wichtigste, was sie benötigen, sind:

➤ mindestens eine zweite Rennmaus (→ Seite 8),

➤ ein geräumiges Nagerheim (am besten ein Etagenkäfig oder ein Käfig-Verbundsystem, → Seite 15),

➤ immer etwas zum Kleinnagen (→ Seite 17, 28),

➤ regelmäßige Fütterung und Pflege (→ Seite 38).

sen hält man inzwischen Rennmäuse gern zur Beobachtung (→ Seite 56). Die gewissenhafte Pflege der Tiere trainiert auch, Verantwortung zu übernehmen.

Echte Renner

Die hier zu Lande am häufigsten gehaltenen Rennmäuse sind Mongolische Rennmäuse (*Meriones unguiculatus*, lat. »Krieger mit Krallen«) aus der Gattung der Sandmäuse. Gerbil bezeichnet über die Mongolische Rennmaus hinaus oft ebenso gut alle anderen Gattungen und Arten in der Familie der Wühler (zool. *Cricetidae*). Gerbile sind nahe Verwandte der Hamster und der Wühlmäuse. Zoologisch gesehen sind sie damit keine echten Mäuse, sondern Mäuseartige. Optisch ähneln sie mit ihrem bequasteten Schwanz unseren einheimischen Bilchen wie dem Siebenschläfer oder dem Gartenschläfer.

➤ Zu den Cricetiden zählen derzeit 10 bis 15 Gattungen mit weit über 100 Arten.

➤ Ursprünglich aus der Mongolei, haben Rennmäuse über die USA, wo sie zunächst als Labortiere dienten, die Welt im Sturm erobert.

➤ Besser nie allein: Rennmäuse brauchen Artgenossen an ihrer Seite.

➤ Ihre Heimat ist die Steppe, nicht die Wüste: das mongolisch-chinesische Grenzgebiet nördlich und östlich der Wüste Gobi.

➤ Dort sind die Sommer trocken und heiß, die Winter trocken und bitterkalt. Dies erklärt, weshalb Rennmäuse so gut an Kälte angepasst sind, Feuchtigkeit aber nicht vertragen (→ Seite 15).

➤ Rennmäuse heißen sie wohl deswegen, weil sie turbo-agile Flitzer sind, die bei Gefahr ihr lebensnotwendiges Fluchtverhalten (→ Seite 64) zeigen.

CHECKLISTE

Passen Rennmäuse zu mir?

Geselligkeit
✓ Ja, wenn Sie mindestens zwei Tiere halten möchten.

Grundbedürfnisse
✓ Ja, wenn Sie ihnen gelegentlich auch Auslauf außerhalb des Käfigs gewähren.

Standortfrage
✓ Ja, wenn Sie ihren Käfig hell, ab ca. 10 °C warm und trocken aufstellen können.

Lebensdauer
✓ Ja, wenn Sie ein Rennmausleben lang (ca. drei Jahre) für sie sorgen wollen.

Kosten
✓ Ja, wenn Sie bereit sind, zu den Anschaffungs- und Haltungs- im Notfall auch die Tierarztkosten zu tragen.

Die richtige Wahl

Wenn Sie entschieden haben, dass Rennmäuse sehr gut zu Ihnen passen, Sie auch einen zuverlässigen Pfleger für die Zeiten haben, in denen Sie selbst sich nicht um Ihre Tiere kümmern können (→ Seite 55), sollten Sie einen wichtigen Aspekt nicht aus

> *Beim Hinaufklettern und Inspizieren sind Renn-mäuse gleich dabei.*

den Augen verlieren: Halten Sie bereits andere Tiere in Ihrem Zuhause (→ Seite 24), müssen Sie den Rennmäusen einen sicheren und artgerech-ten Standort für ihr neues Heim anbieten können. Denn Katzen oder Hunde vertragen sich nicht mit den kleinen Nagetieren; sie würden sie jagen und töten, falls sie sie erwischen können.

Solo oder Doppelpack?

Einzelhaltung: In der freien Wildbahn leben Rennmäuse stets in größeren Gruppen, die zumeist aus Sippen be-stehen. Sie sollten deswegen auch als Heimtier mindestens zu zweit gehalten werden. Einzeltierhaltung kommt fast Tierquälerei gleich! Verhal-tensstörungen und häufigere Lustlosigkeit sind oft die Fol-ge. Die Stressanfälligkeit steigt und macht das Tier einerseits schreckhafter, andererseits auch aggressiver. Auch ein noch so liebevoller Umgang mit ihren Menschen kann den Rudeltieren niemals die Artgenossen ersetzen.

Rudeltiere: Nur im Kontakt zu ihresgleichen bilden Gerbile ihr gesamtes Verhal-tensrepertoire aus. Dazu gehören kameradschaftliche Raufereien bei Begegnungen im Käfig ebenso wie das wohlige Kuscheln im gemein-samen Nest und die gegen-seitige Fellpflege. Grenzen kennt ein solches Rudel dort, wo Fremdlinge verbissen werden, wo in größer wer-denden Rennmausgruppen

TIPP

Ideal: Eine Rennmausgruppe

Die ideale Größe einer Rennmausgruppe richtet sich nach Ihren Unterbringungsmöglichkeiten: mehr Mäuse, mehr Platzbedarf.

➤ Halten Sie sie möglichst niemals allein! Das führt mitunter zu Verhaltensstörungen.

➤ Mindestens zwei Tiere sollten zusammenleben dürfen. Ideal sind zwei männliche Wurfgeschwister.

➤ Eine Gruppe dürfte nicht mehr als 10–15 Tiere und nicht mehr als zwei bis drei Generationen umfassen. Sonst können häufig Rangstreitigkeiten aufkommen.

> *Ein geräumiges Heim, ganz nach dem Geschmack dieser Jungtiere, wenn sie darin nach allerlei knackigen Leckerbissen wühlen, im Sand baden, streunen und klettern dürfen.*

der erwachsene Nachwuchs verscheucht und die Rangordnung der Tiere untereinander neu aufgemischt wird. Eine größere Gruppe erfordert allerdings großzügigere Unterbringung, einen »Notfallkäfig« bei Streit (→ Seite 24) sowie intensivere Pflege.

Gleichgeschlechtlich oder gemischt?

Ob Sie Ihre Rennmäuse als Pärchen halten, als gleichgeschlechtliche Gruppe oder ob Sie sich gleich ein ganzes Rudel zulegen möchten, das hängt von Ihren Wünschen sowie von Ihren räumlichen Kapazitäten ab. Pärchen empfehlen sich nur dann, wenn Sie zahlreichen Kindersegen einkalkulieren (→ Seite 32). Gleichgeschlechtliche Haltung ist sinnvoll, wenn Sie nicht so sehr auf Nachwuchs aus sind. Meine Erfahrung zeigt, dass Männchen sich untereinander besser vertragen als Weibchen. Am besten, wenn es Geschwister aus demselben Wurf sind. Um Streitigkeiten innerhalb einer Gruppe zu vermeiden, ist die richtige Käfiggröße von großer Bedeutung (→ Seite 34).

Jung oder alt?

Jungtiere lassen sich vor ihrer Geschlechtsreife (sieben bis zwölf Wochen) besser vergesellschaften (→ Seite 24) als danach. Ältere Rennmäuse wirken zwar etwas bedächtiger, büßen aber nichts von ihrer Faszination ein. Die Lebenserwartung liegt bei zwei, eher sogar bei drei Jahren. Ich habe aber auch schon Tiere gehabt, die deutlich älter geworden sind.

9

Rennmäuse
im Porträt

Es hat sich viel getan bei den Rennmäusen: Neben den hübschen braunen Wildformen der kleinen Nager können Sie inzwischen auch andere attraktive Fellfärbungen kaufen.

> **Algierfüchse** werden auch kurz Algerier genannt. Sie sind sandfarben mit heller Unterseite. Diese Farbvariante entspricht weit gehend einer helleren Ausfärbung der Wildfarbe, die als »agouti« bezeichnet wird.

> **Schwarzschecken** wirken besonders lebhaft. Ihr interessant geflecktes Fell kommt umso mehr zur Geltung, je flinker sie sich bewegen.

Hermelin und **Rotaugen-Weiß** sind keine vollständigen Albinos, da der Schwanz älterer Tiere nicht immer rein weiß bleibt.

Colourpoint, Marder oder **Burmese** heißt diese Farbvariante. Sie hat dunkle Körperstellen an Läufen, Schwanz und Nase.

> **Helle Algerier** stammen von den Algierfüchsen (siehe Seite 10 links) ab und weisen noch heller gefärbte Farbformen auf.

> **Schwarze Rennmäuse** haben ein glänzendes Fell, mitunter mit weißem Lätzchen. Bei anthrazitfarbenen ist das Fell stumpf-schwarz.

> **Platin** werden die Rennmäuse genannt, die ein besonders aufgehelltes, graues Fell besitzen. Sie stammen von den schwarzen Rennmäusen ab.

Augen auf beim Rennmauskauf

Woher Sie Ihre Rennmäuse am besten bekommen, ist die nächste anstehende Frage.

Zoofachhandel

In aller Regel werden Sie Ihre Rennmäuse aus dem Zoofachhandel beziehen. Dort kennt man Ihre neuen Mit-

> *Ein Schlafhäuschen aus Keramik ist vor Nagezähnen sicher.*

bewohner auch so genau, um Ihnen all das beantworten zu können, was Sie vor dem Kauf schon wissen müssen. Zusammen mit den Tieren

zeigen Ihnen die Fachleute auch die Dinge, die Sie für die Ausstattung des Rennmausheims (→ Seite 16) benötigen. Und erklären Ihnen, was nicht zwingend nötig ist, z. B. ein Schlafhaus. Man kann Ihnen Etagenkäfige zeigen, auch kleinere Käfige, die für den Bau eines Käfig-Verbundsystems (→ Seite 15) sinnvoll sind, und Ihnen die jeweiligen Vor- und Nachteile erläutern. Ihr Zoofachhändler wird Ihnen nach dem Rennmauskauf nicht nur als Futterlieferant (z. B. auch für Mehlwürmer, → Seite 39) zur Verfügung stehen. Sie können ihn auch um Rat fragen, wenn Sie mal nicht weiterwissen.

Züchter

Für Rennmäuse gibt es noch keine eigene Züchterorganisation. Rennmauszüchter sind demnach diejenigen, die sich intensiver mit der Vermehrung der Kinderreichen beschäftigen, sowie all jene, die das gezielt im Hinblick auf Farbvarianten tun. Kontakt zu Züchtern werden Sie am ehesten über das Internet und

in darauf spezialisierten Zeitschriften finden (→ Seite 60). Gute Züchter können Ihnen gesunde Tiere in gepflegten Zuchtanlagen vorweisen. Von ihnen können Sie ebenso bedenkenlos Tiere erwerben wie aus dem Zoofachhandel. Die zahlreichen Farbvarianten der Rennmäuse (→ Seite 10) sind in ihrer Vielfalt nicht alle im Zoofachhandel zu bekommen. Wer nach mehr sucht, landet nahezu automatisch bei einem Züchter.

Das Problem beim Rennmauskauf direkt vom Züchter ist im Wesentlichen die räumliche Entfernung. Zwar können Rennmäuse in Transportkäfigen grundsätzlich versandt werden, Züchter machen das aber meist nicht gern, weil die kleinen Nagetiere auf so einer langen Reise Stress ausgesetzt sind.

Und schließlich ist die intensive Rennmaushaltung, wie Züchter sie betreiben, aufwändig. Stellen Sie sich also am besten von vornherein auf höhere Preise ein, die Sie vor allem für seltene Farbvarianten bezahlen müssen.

> *Wohlbehagen außerhalb des Nestes: Diese drei kuscheln sich auf dicker, flauschiger Einstreu eng aneinander.*

Tierheim und Inserate

Viele Rennmaushalter haben die Erfahrung gemacht, dass ihre kleinen Strolche ausgesprochen vermehrungsfreudig sind, und inserieren in Anzeigenblättern, um den Nachwuchs gut unterzubringen. Unterziehen Sie auf alle Fälle Halter, Käfige und Tiere einer genaueren Inspektion, bevor Sie die Tiere kaufen. Sollten Sie bereits Rennmäuse haben und auf diesem Weg neue erwerben wollen, rate ich Ihnen für die neu hinzugekommenen Tiere zu einer Quarantäne (→ Seite 22) von etwa vier Wochen. Ziehen Sie den Gang zum Tierheim zunächst vor, um den dort untergebrachten Tieren ein liebevolles neues Zuhause zu geben und das Tierheim ein wenig zu entlasten.

Events

Es gibt auch spezielle Veranstaltungen, bei denen Kleinnager gezeigt und gehandelt werden, wie etwa das jährlich stattfindende Knagerfestijn (= Nagerfestival) im Freilichtmuseum in Arnhem in den Niederlanden. Vor allem dort können Sie sich umsehen, wenn Sie nach besonderen Rennmäusen suchen.

CHECKLISTE

Kauf-Kriterien

Agilität
✔ Die Rennmäuse sollen einen agilen Eindruck machen, beim Weckappell im Nu putzmunter sein.

Fell
✔ Das Fell sollte glatt und glänzend sein, keine struppigen Strähnen aufweisen.

Augen
✔ Die Augen der Rennmäuse müssen glänzen und dürfen nicht tränen.

Bauch und After
✔ Bauchregion und After müssen unverschmutzt sein.

Bewegungen
✔ Der Bewegungsablauf soll unauffällig sein, Krallen, Pfoten und Läufe dürfen nicht verletzt sein.

Die Wohlfühl-Ausstattung

Geräumiger ist besser – denn Rennmäuse sind Bewegungstiere, die viel Platz zum Streunen in ihrem Heim brauchen.

Gitterkäfig

Wenn Sie sich für einen Gitterkäfig entscheiden, sollte er folgende Merkmale haben:

> *Verstecken unter einem Lavastein – was könnte mehr Spaß machen?*

➤ Eine große Eingriffsöffnung für schnellen Zugriff.
➤ Wählen Sie ein Modell mit hoher Bodenwanne, damit viel Einstreu hineinpasst.

➤ Achten Sie darauf, dass die Bodenwanne möglichst abgerundete Innenecken hat und dass die Gitterhaube rundum auf dem Wannenboden aufliegt. Dünne Haltestäbe würden nämlich bald abgenagt sein und die Haube würde dann instabil.
➤ Für zwei Rennmäuse reicht nach meinen Erfahrungen eine Käfigfläche von 30 x 55 cm aus. Für größere Gruppen empfehle ich ein Käfig-Verbundsystem.
➤ Bei mir haben sich diese Käfiggrößen bewährt: bis 5 Tiere: 2 Käfige (je 30 x 55 cm); bis 9 Tiere: 3 Käfige (je 30 x 55 cm); bis 15 Tiere: 3 Käfige (je 40 x 60 cm).

➤ Käfige mit unterteilbaren Etagen sind besonders gut geeignet (→ Seite 19).

Terrarium

Rennmäuse können in einem Glasbehältnis genauso gut gehalten werden wie in einem Gitterkäfig. Es hat dort seine Vorteile, wo möglichst wenig Einstreu nach außen gescharrt werden darf; sie lässt sich auch höher aufschichten. Terrarien bzw. Aquarien müssen mit Maschendraht abgedeckt werden. Der muss so engmaschig sein, dass die Tiere nicht mit Schnauzenspitze oder Zähnen hängen bleiben können! Dennoch muss ausreichend Luft an sie

TIPP

Nagerheim: Grundausstattung

Die Grundausstattung des Rennmaus-Geheges besteht zunächst aus einem geräumigen Nagerheim mit folgendem Zubehör:

➤ Ein Laufrad ist ebenso wichtig wie eine Trinkflasche.
➤ Vogelsand benötigen die Tiere zum Baden (→ Seite 29).
➤ Heu, Sand und etwas Katzenstreu brauchen Sie für die Einstreu (→ Seite 16).
➤ Bieten Sie Kletter- und Nagemöglichkeiten an.
➤ Wichtig ist eine Versteck- und Rückzugsmöglichkeit.

> *Der Zoofachhandel bietet viel Spielzeug für flinke Flitzer an. Aber denken Sie daran: Was benagt werden kann, das wird auch benagt! Oder sogar komplett zernagt!*

herankommen und Staub abziehen können, um ihre Atemwege nicht zu belasten.

Käfig-Verbundsystem

Besonders interessant zu beobachten sind Rennmäuse in einem Käfig-Verbundsystem. Die Einzelkäfige verbinden Sie mit u-förmig gebogenen Stücken von Drainagerohren (Durchmesser 80 mm; Baumarkt). Die werden mit Bindedraht fixiert. Dann stecken Sie sie mit je einem Ende so tief in die Deckenöffnung des Gitterkäfigs, dass die Rohröffnung von den Tieren noch bequem als Einstieg erreicht werden kann. Verschließen Sie die offene Stelle, die in der Eingriffsöffnung zwischen Drainagerohr und Käfig entsteht, dicht und verletzungssicher mit Maschendraht. Die Rennmäuse werden den unteren Bereich des Drainagerohrs, den sie stehend erreichen können, eifrig benagen. So müssen Sie dessen Öffnung gelegentlich neu justieren, sodass sie noch hineinschlüpfen können.

Standort

Damit Rennies sich wohl fühlen, stellen Sie ihr Heim am besten so auf:

➤ Ein heller Platz muss, pralle Sonne darf nicht sein.

➤ Der Standort soll trocken, die Luftfeuchtigkeit darf nicht zu hoch sein. Feuchte Kälte ist tödlich! Genauso Zugluft.

➤ Die Tiere sollten vor Lärm und üblen Gerüchen geschützt sein.

➤ Rückendeckung vor einer Wand oder einem großen Möbelstück lieben sie, weil das Sicherheit vermittelt.

Laufrad

Ein Laufrad gehört nach meiner Erfahrung in jeden Rennmauskäfig. Dabei gilt es aber allerhand zu berücksichtigen:

➤ Das geeignete Modell muss ganz aus Metall sein.

➤ Bewährt haben sich Laufräder mit eigenem Ständer. Modelle zum Einklemmen haben einen gravierenden Nachteil: Die Schwingungen beim Laufen im Rad übertragen sich auf den ganzen Käfig, in dem es dann häufiger ganz gehörig rumpelt.

➤ Leitern: Weniger zum Klettern, eher für Streckübungen und Nagespaß.

➤ Damit das Laufrad im ungestümen Gebrauch nicht umfallen kann, beschweren Sie den Fuß des Gerätes am besten mit einer Kachel.

➤ Meine Erfahrung hat gezeigt, dass ein Laufrad, dessen rückwärtige Seite verschlossen ist, sicherer ist. Dadurch wird vermieden, dass sich Pfötchen und Schwanz einklemmen können.

Fressnapf

Ein Futterschälchen brauchen Rennmäuse nicht unbedingt. Sie können das Futter auch auf der Einstreu verteilen. Denn dort nach Futter zu stöbern entspricht eher den natürlichen Lebensgewohnheiten der Wühler und gleichzeitig bieten Sie eine prima Beschäftigungsmöglichkeit (→ Seite 52).
Das Argument von Verunreinigung der Nahrung zählt hier nicht. Denn auch in einem Fressnapf, so habe ich immer wieder beobachtet, verlieren die Rennmäuse unachtsam ihren Kot.

Trinkflasche

Geben Sie den Tieren keine Trinkschale, sondern lieber eine Trinkflasche. Beachten Sie dabei Folgendes:

CHECKLISTE

Perfekte Einstreu

Es gibt dreierlei Arten von Einstreu: Grund-, Aufbau- und Nisteinstreu.

Grundeinstreu
✔ Wählen Sie als Grundeinstreu sauberen Sand. Dafür können Sie gewaschenen Sand vom Baustoffhändler bzw. aus der Sandgrube nehmen. Sand erleichtert das Laufen und hilft, die Krallen abzunützen.

Aufbaueinstreu
✔ Die Aufbaueinstreu ist eine Auflage auf der Grundeinstreu. Sie besteht aus allerlei Zernagtem und bildet dadurch eine Spreu, in der die Rennmäuse gern nach Nahrung suchen. Verwenden Sie dazu viele dünne, vom Draht befreite Holzbrettchen von Obstkisten sowie Pappkartonagen – wichtig und beliebt auch zum Höhlenbauen!

Nisteinstreu
✔ Als Nisteinstreu haben sich alle Arten von Tissue (am besten ungefärbt) und unbehandeltes Heu bewährt.

Katzenstreu
✔ Ersetzen Sie der Hygiene wegen die Grundeinstreu durch 10–15 % Katzenstreu.

Höhe der Einstreu
✔ Die Einstreu soll im Gitterkäfig mindestens 3 cm hoch eingetragen werden und darf in einem gläsernen Gehege sehr dick sein.

> **1 Bewegung hält fit ...**

Laufräder zum Hinstellen sind solchen zum Einhängen in die Gitterstäbe vorzuziehen. Weitestgehend verletzungssicher sind Modelle mit geschlossener Rückwand. So kommt es beim temperamentvollen Flitzen und Toben der Tiere zu weniger folgenschweren Ausrutschern und sie machen deutlich weniger Lärm.

> **2 ... und macht durstig**

Trinkfläschchen müssen auslaufsicher sein. Modelle mit einem Kugelventil im Trinkröhrchen haben sich bewährt. Das Röhrchen sollte vor dem Aufhängen entlüftet werden (→ Seite 41). Ebenfalls empfehlenswert: neuere Modelle mit nur einem kleinen Austrittsloch, aus dem das Wasser geleckt wird.

➤ Günstig ist ein Modell mit metallenem Trinkröhrchen, das durch ein Kugelventil geschlossen wird.

➤ Fläschchen geringer Qualität könnten auslaufen und Einstreu und Nest fluten!

➤ Kugelventile müssen Sie aber ab und zu checken, damit sie nicht festhängen und die Tiere Durst leiden müssen bzw. damit es nicht tropft (→ Seite 41).

Spielzeug

Rennmäuse sind als Bewegungstiere eher sportlich veranlagt, balgen sich und toben gern, flitzen durch verschiedene »Zimmer« in einem großzügig bemessenen Käfig und lieben dicke Einstreu, in der sie buddeln können (→ Seite 53). Sie genießen auch den Ausblick von bekletterbaren Steinen oder Holz- und Wurzelstücken. Auf keinen Fall sollte es an Nagematerial fehlen.

Nistmaterial

Für ein kuscheliges Nest verbauen die Wärmeliebenden alles, was flauschig ist. Heu ist dazu ebenso geeignet wie jede Art von ungefärbtem Tissue (z. B. Toilettenpapier, Papiertaschentücher oder eine Küchenrolle). Weil das luftige Nest nach und nach zusammensackt, muss Nistmaterial immer wieder nachgereicht werden. Hamsterwatte wird von allen Rennmausfreunden abgelehnt, weil sich Jungtiere im Nest ihre Gliedmaßen in den Schlingen der Watte strangulieren können. Ab Temperaturen über ca. 25 Grad lassen Rennmäuse ihr Nest oben offen und brauchen dann natürlich etwas weniger Nistmaterial als bei Kälte.

Fragen rund um Kauf und Wohlfühl-Heim

? Ich lese immer, dass Rennmäuse nicht unangenehm riechen, und jetzt höre ich, dass sie es doch tun. Was ist richtig?

Es stimmt, dass diese Nager bei richtiger Pflege tatsächlich nicht auffällig, geschweige denn unangenehm riechen. Wurde der Käfig für die Anzahl der gehaltenen Tiere groß genug gewählt (→ Seite 14), reicht es nach meinen Erfahrungen aus, einmal im Monat die Einstreu komplett zu wechseln. Das ist vergleichsweise selten. So selten, dass man dann wirklich auch dran denken muss.

? Wie kann man beim Kauf das Alter von Rennmäusen bestimmen?

Wenn Sie sich Rennmäuse besorgen, ist meiner Erfahrung nach ein Alter von ca. acht bis zehn Wochen günstig, um die Tiere von den Eltern zu trennen (→ Seite 9). Das ist auch in etwa der Zeitraum, in der die Geschlechtsreife einsetzt (ca. sieben bis zwölf Wochen, je nach Tier). Ich nehme immer die Schwanzlänge der Tiere als Anhaltspunkt für die Altersbestimmung: In den ersten sechs Lebenswochen ist er etwa sechs bis sieben Zentimeter lang. Bis zu einem Alter von einem Jahr nimmt er um weitere fünf Zentimeter zu.

? Einstreu hat ja die Funktion, Schmutz zu binden. Kann ich auch Hobelspäne verwenden?

Im Prinzip kann man das so machen. Das ist bei Meerschweinchen oder bei Kaninchen ja auch üblich. Bei Einstreu aus dem Zoofachhandel können Sie von unbelastetem Material ausgehen. Holen Sie die Einstreu aber vom Schreiner, vergewissern Sie sich, dass die Späne Abfall eines reinen Naturproduktes sind. Und noch etwas: Hobel- bzw. Sägespäne sind mitunter stark von sehr feinem Holzstaub durchsetzt. Der kann in die Atemwege der Rennmäuse und in ihre Augen kommen. Ich hatte schon Tiere, die das nicht vertragen und mit tränenden Augen

Grünfutter-Schaschlik: auf Brettchen befestigter Holzspieß mit Obst.

reagiert haben. Dann müssen Sie die Einstreu umgehend austauschen. Deshalb verwendet man für Rennmäuse auch keinen Torf.

? Meine Rennmäuse stehen in einer Flurecke. Da brennt immer wieder Licht. Müssen sie es nachts dunkel haben?
An einem vergleichbaren Platz hatte ich einen Teil meiner ersten Rennmäuse auch untergebracht. Die Helligkeit hat sie offensichtlich nicht beeinträchtigt. Aber trotzdem habe ich ihnen ein anderes Plätzchen gesucht, weil sie in ihrer Ruhe dauernd gestört wurden: Immer wieder, wenn jemand vorbeikam, hat er schnell mal eben in den Käfig gelangt oder am Gitter geklappert. Schließlich wurden die Rennies in der Ruhephase immer wieder aufgescheucht. Und das musste ich unterbinden.

? Meine Mama will mir nicht erlauben, meine Rennmäuse in meinem Zimmer zu halten, weil ich nachts meine Ruhe brauche. Was soll ich machen?
Deine Mutter hat sicher recht, denn Rennmäuse sind tags

und nachts aktiv. Und beim Toben, zum Beispiel im Laufrad, da lärmt es durchaus. Oder beim Buddeln: Da wird Staub aufgewirbelt, den du im Schlaf nicht einatmen solltest. Aber versucht es doch mit einem Kompromiss: Die Tiere kommen in dein Zimmer und wenn du abends schlafen gehst, dann werden sie rausgestellt, zum Beispiel auf den Gang hinaus – und da sitzen dann bald deine Eltern …

? Wir machen im Sommer immer Heu auf dem Bauernhof. Das kann ich doch auch für die Rennmäuse verwenden, oder?
Das geht durchaus. Aber es ist sinnvoll, die benötigte Jahresration für die Rennmäuse separat zu lagern. Damit soll vermieden werden, dass wilde Mäuse, z. B. Feldmäuse oder Hausmäuse, das Heu verunreinigen oder gar infizieren. Am besten nehmen Sie das Heu vor dem Ballenpressen von einer Stelle, an der keine Mauselöcher zu finden sind. Füllen Sie das Heu dann in einen sauberen Jutesack, darin kann es trocken und luftig so aufgehängt werden, dass keine Wildmäuse hinkommen.

Engelbert Kötter

MEINE TIPPS FÜR SIE

Spaß auf allen Ebenen

➤ Wenn Sie einen Etagenkäfig nicht kaufen können und ein Käfig-Verbundsystem nicht bauen mögen, empfehle ich eine Kompromisslösung für Ihre Rennmäuse: Ziehen Sie selbst Etagen in den Käfig ein.

➤ Im Gitterkäfig gelingt das leicht, wenn Sie Brettchen von rund 15 mm Stärke zuschneiden, anbohren und mit Draht an der Gitterhaube befestigen.

➤ Im gläsernen Gehege müssen Sie mit Holzklötzen einen Unterbau errichten, auf dem Sie die Holzplatten verschrauben.

➤ Alle Selbstbauten müssen für die Tiere vorausschauend absolut verletzungssicher ausgeführt werden.

➤ Durch diesen Tipp zum Selberbauen haben etliche Rennmaus-Fans angefangen, sich intensiver um das Wohlbefinden ihrer kleinen Schützlinge zu kümmern, und so immer bessere Haltungsbedingungen für sie geschaffen.

Kennenlern-Programm

Sanfte Eingewöhnung

Wenn Sie sich für Rennmäuse entschieden haben, dann sollten Sie den Käfig vor dem Nachhauseweg für die neuen Tiere komplett vorbereitet und Futter eingekauft haben.

Sicherer Heimtransport

Ihr Zoofachhändler wird Ihnen die neuen Heimtiere in einem speziellen Transportbehältnis überreichen. Weil dieses eng ist, sollten Sie die Rennmäuse bald in ihren neuen Käfig setzen. Machen Sie sich also ohne Umwege auf den Nachhauseweg. In der kalten Jahreszeit können Sie für den Transportweg wärmende Vorsorge treffen. (→ Seite 44).

Kaufen Sie die Rennmäuse beim Züchter, so bringen Sie am besten einen sauberen, ausreichend großen Karton mit (z. B. Schuhkarton). Der muss einen mit Luftlöchern versehenen Deckel zum Verschließen haben, weil die kleinen Sprungakrobaten (→ Seite 28) sonst ausbüxen könnten. Nehmen Sie auf keinen Fall einen gebrauchten Käfig zum Züchter mit, um ihn »bestücken« zu lassen. Die sehen das wegen der Infektionsgefahr nicht gern. Achten Sie nach dem Heimtransport von Rennmäusen aus anderen privaten Quellen darauf, dass die Tiere am besten vier Wochen in Quarantäne (→ Seite 13) gehalten werden, sofern Sie schon Rennmäuse zu Hause haben.

Der erste Tag

Setzen Sie die Tiere nach dem Heimkommen direkt in ihren Käfig. Müssen Sie dabei einander fremde Rennmäuse aneinander gewöhnen, so gehen Sie behutsam und geduldig vor (→ Seite 24). Wenn der Käfig von Anfang an komplett eingerichtet ist, bauen sich die Rennmäuse eine Art Landkarte in ihrem Kopf auf, was wo steht. Das ist beim Erstbezug des Ge-

Mit drei, vier Wochen öffnen die Jungmäuschen ihre Augen und suchen nach fester Nahrung.

heges günstiger, als wenn in ungewohnter Umgebung nach und nach noch weitere Einrichtungsgegenstände hinzukommen. Streuen Sie zur Begrüßung etwas Futter in den Käfig. Nagematerial (→ Seite 28) zum Abreagieren der ersten nervösen Anspannung sollte ebenfalls parat liegen. Geben Sie ausreichend Nistmaterial ins Rennmausheim, damit sich die Tiere fürs erste Nickerchen ein flauschiges Nest bauen können. Sie werden beobachten, wie die Rennmäuse über markante Ecken im Gehege und an Ausstattungsgegenständen ihren Bauch reiben. Sie setzen Duftmarken aus einer speziellen, leicht erkennbaren Duftdrüse ab (→ Seite 27), soll heißen: »Alles meins!«

Die ersten Kontakte

Für Rennmäuse ist der Bezug des neuen Käfigs dasselbe wie ein neues Revier zu erobern. Damit sind sie zunächst einmal voll und ganz beschäftigt. Machen Sie in den ersten zwei, drei Tagen regelmäßige, aber eher kurze Fütter- und Pflegebesuche. Steigern Sie erst dann die Verweildauer bei Ihren neuen Freunden.

Annäherung

Sobald Rennmäuse ihr neues Heim markiert und für sich erobert haben, erwacht ihre Neugier für das Drumherum. Beobachten Sie jetzt genau ihr Verhalten und ihre Reaktionen.

Beschnuppern

Wenn Sie Ihre Rennmaus im Verhalten schon ein wenig einschätzen können, lassen Sie sie sachte mit Ihrer Hand, Ihrem Geruch und Ihren Bewegungen vertraut werden – das ist die beste Basis für eine langfristige Freundschaft.

Vertrauen

Haben Rennies erst einmal gemerkt, dass von Ihrer Hand nur Gutes, mitunter ein Leckerbissen kommt, so können sie ihr Vertrauen in der Welt außerhalb des Käfigs erproben. Der Freilauf wird immer eine spannende Angelegenheit für sie bleiben.

Freundschaft

Kurze Kuschelkontakte zu ihrem Menschen sind der größte Freundschaftsbeweis nach Rennmausart. Gleich darauf müssen sie schon wieder fortflitzen, um auf Entdeckungstour zu gehen, denn beim Freilauf lockt das große Abenteuer.

23

Rennmäuse aneinander gewöhnen

Dieser Punkt ist der heikelste, was die ansonsten pflege-leichten Nager betrifft. Renn-

> Rennmausgruppen kön-nen aus unterschiedlichen Generationen bestehen.

mäuse müssen Fremdlinge verbeißen, um ihr Revier zu schützen. Dieses Natur-gesetz durchbrechen Sie, wenn Sie einander unbe-kannte Rennmäuse zusam-mensetzen. Sie aneinander zu gewöhnen kann gelingen oder auch nicht. Und selbst zunächst geglückte Vergesell-schaftungen können später wieder in blutigem Streit enden. Hier einige Tipps,

wie mir die Gewöhnungen gut gelungen sind:

➤ Junge, noch nicht ge-schlechtsreife Tiere von ca. sieben bis zwölf Wochen lassen sich meist problemlos vergesellschaften, sowohl untereinander als auch mit älteren Tieren.

➤ »Männerfreundschaften« sind in der Regel stabiler als die zwischen zwei Weibchen.

➤ Reiben Sie die Tiere gegen-seitig mit der älteren Einstreu des anderen ein, um den Geruch zu übertragen.

➤ Trennen Sie einen recht kleinen Käfig diagonal in zwei Hälften und setzen Sie in jede eine Rennmaus. Wechseln Sie die Tiere in den jeweils anderen Käfigteil zweimal pro Tag, damit sie sich riechen lernen. Bleiben sie ruhig, können Sie den ersten Direktkontakt wagen. Nötigenfalls Austausch-Zeiten verlängern.

Rennmäuse und andere Haustiere

Damit Probleme gar nicht erst auftauchen, rate ich dazu, Rennmäuse von anderen Heimtieren getrennt zu hal-ten. Zwar kann es im Einzelfall gelingen, dass Meerschwein-chen, Kaninchen, Hunde oder

Katzen den kleineren Renn-mäusen nichts anhaben, aber besser, Sie lassen es nicht da-rauf ankommen!

Handzahm machen

Ihre Rennmäuse werden nahezu handzahm werden, wenn Sie behutsam vorgehen. Bevor Sie Handkontakt mit ihnen aufnehmen: Ihre Hände sollten nicht stark riechen.

Step 1: Lassen Sie die Kleinen erst einmal mit Ihrer Hand vertraut werden. Wenn sie diesen »Fremdkörper« im Käfig als unaufdringlich erfahren, werden sie durch häufigen, längeren Kontakt lernen, dass diese Hand keine Bedrohung darstellt. Sollten sie daran knabbern, so ist das nicht böse gemeint. Ein sanf-ter Stupser nach Rennmaus-art schafft sofort wieder Klar-heit, wer hier der Chef ist!

Step 2: Bieten Sie Ihre offene Hand innerhalb des Käfigs zum Spielen und Klettern an. Legen Sie ein paar Lecker-bissen oder Sachen zum Na-gen hinein, um die Rennies zum Aufsteigen zu animieren. Reduzieren Sie im Vorfeld solcher Übungen das Spiel-material ein wenig, sodass sie umso lieber auf das neue Angebot eingehen!

> *Begegnung nach Rennmausart: Beschnuppern gehört zum Erkennungsritual und klärt, wer zum Clan gehört.*

Step 3: Hier zeigt sich, ob Sie erfolgreich waren. Sobald Ihre Rennmäuse auch dann auf Ihre Hand steigen, wenn Sie sie nicht ganz auf den Käfigboden legen, sondern sich zum Erklimmen etwas strecken müssen, haben Sie es wirklich geschafft, Vertrauen aufzubauen.

Vertrauen in Freiheit

Meist haben Rennmäuse beim Auslauf alle Pfoten voll zu tun, um auch ja nichts zu verpassen, garantiert genug zu flitzen, zu hüpfen und zu springen. Wenn Sie beim Auslauf mit ihnen spielen wollen, setzen Sie sich am besten zu ihnen auf den Boden, damit Sie nicht mehr so riesig sind. Grobfaserige Kleidung erleichtert Kletterversuche an Ihnen (→ Seite 57). Durch angebotene Leckereien können Sie die flinken »Bergsteiger« dazu ermutigen. Streicheleinheiten dulden sie zwar, aber doch nur für Sekunden. Sie sind einfach zu unternehmungslustig, um lange stillzuhalten. War Ihr Versuch, die Rennmäuse handzahm zu machen, super erfolgreich, klettern die Tiere auch außerhalb des Käfigs auf Ihre Hand (→ Seite 23).

CHECKLISTE

Eingewöhnungsfehler

Kuscheltier
✔ Kindern müssen Eltern klar machen, dass Rennmäuse keine Kuscheltiere, sondern lebendig sind und auch einmal ihre Ruhe brauchen.

Fangen per Hand
✔ Das Fangen per Hand verleidet das Zutrauen. Verwenden Sie besser Papppröhren.

Unregelmäßigkeiten
✔ Unregelmäßige Käfigbesuche können Unsicherheit begünstigen. Halten Sie lieber feste Pflegezeiten ein.

Greifen von oben
✔ Das Greifen von oben erschreckt die Tiere. Lassen Sie sie auf eine Hand krabbeln; sichern Sie leicht mit der anderen (→ Seite 41, 64).

Typisch Rennmaus

Charakteristisch für Rennmäuse sind ihre unerschöpfliche Neugierde und außerordentliche Agilität. Sie lieben ein weitläufiges Revier, in dem sie sich zunächst einmal den nötigen Überblick verschaffen, in dem es dann aber immer wieder etwas Neues zu

› *War da was? Im Heu kann sich das Mäuschen zur Not auch verstecken.*

entdecken gibt. Ihre Neugierde lässt sie schnell Kontakt zu allem Neuen aufnehmen, auch zu ihrem Menschen. Sie brauchen immer eine Flucht-

möglichkeit, um sich bei Unsicherheit oder Erschrecken blitzschnell verkriechen zu können (→ Seite 14).

Ihre Sinne

Sehen: Wild lebende Rennmäuse müssen stets auf der Hut vor Feinden sein. Die weit seitlich am Kopf sitzenden Augen bieten ein großes Gesichtsfeld und ermöglichen es, stets die gesamte Umgebung im Blickfeld zu haben. Bewegungen werden offenbar besonders gut registriert. Das räumliche Sehen ist hingegen weniger gut ausgeprägt. Rennmäuse können Farben unterscheiden und ultraviolettes Licht erkennen.

Hören: Die Ohren der Rennies sind außerordentlich feinsinnig und leisten mehr als unser menschliches Gehör. Hohe Töne nehmen sie sehr gut wahr – sogar bis weit in den Ultraschallbereich hinein. Verirrte Jungtiere machen durch Ultraschallrufe die Mutter auf sich aufmerksam. Tiefere Töne, zum Beispiel das Trommeln mit den Hinterpfoten (→ Seite 29), hören Rennies noch aus großer Entfernung. **Riechen:** Auch der Geruchssinn ist hervorragend entwickelt. Rennmäuse »sprechen« ein kompliziertes Duftsprachen-Fachchinesisch. Bei der sozialen Fellpflege werden

TIPP

Rennies Wunschzettel

Wenn es ums Wohlbefinden geht, würden Rennmäuse ihre größten Wünsche an ihre Halter folgendermaßen buchstabieren:

➤ **R**ennen dürfen beim Auslauf nach Herzenslust. **E**instreu dick aufgetragen bekommen. **N**agen dürfen, was das Zeug hält. **N**ie am Schwanz gezogen werden. **M**onatlich den Käfig gereinigt kriegen. **Ä**rger mit fremden Rennies vermeiden. **U**ngestüm im Laufrad flitzen dürfen. **S**pielen dürfen mit mindestens einem Artgenossen. **E**in warmes Nest zum Kuscheln haben.

Duftstoffe unter den Familienmitgliedern ausgetauscht. Freund oder Feind sind somit schon am Geruch zu unterscheiden. Mit einer großen Duftdrüse am Bauch markieren sie ihre Reviere. Selbst kleinste Urin-Tröpfchen enthalten für Artgenossen spannende Duftinformationen.

Tasten: Im unterirdischen Bau in der Steppe ist es stockdunkel – also müssen Rennmäuse ihre Umgebung ertasten. Weit vorstehende, empfindliche Tasthaare am Kopf melden jeden Stupser. Die Vorderpfoten sind besonders tastempfindlich.

Wärmeempfinden: Schon Neugeborene suchen sich instinktiv den kuscheligsten Platz im Nest. Wärme regulieren Rennmäuse bei Kälte, indem sie vermehrt ein körpereigenes Sekret der Harderschen Drüse mit Nasenspitze und Speichel im Fell verreiben, damit sie besser Wärme aufnehmen können. Ist es hingegen zu heiß, wird das Sekret durchs Sandbaden (→ Foto oben) wieder entfernt.

Orientieren: Rennmäuse haben ein hervorragendes Orientierungsvermögen. Eine Art innerer Kompass regis-

> Ein Rennmausbad im Vogelsand: Das reinigt nicht nur das Fell, sondern macht auch noch einen Riesenspaß.

triert gelaufene Wegstrecken und Richtungsänderungen. Er wird durch Erinnerung und Duftmarken unterstützt. Diese Art, sich zu orientieren, funktioniert bei Rennmäusen ähnlich einer Vektorrechnung: Sie können in ihren Köpfen offenbar Streckenabschnitte so kombinieren, dass sie sofort die kürzeste Verbindung zwischen Standort und Versteck bzw. Nest erkennen. So wissen sie stets, in welche Richtung sie schnellstens zu ihrem Nest zurückfinden.

Verhaltensrepertoire der Rennmaus

Rennmäuse sind sehr neugierig und zutraulich. Sie lieben den innigen sozialen Kontakt mit Clan-Mitgliedern und verteidigen resolut ihr Revier gegen Eindringlinge.

Lauter Lieblingsbeschäftigungen

In Einstreu buddeln: Die Rennmaus scharrt gern in dick aufgetragener Einstreu, die mit Papp- bzw. Eierkartonagen und dünnen Holzbrettchen zum Höhlen- und Gängebauen durchsetzt ist (→ Seite 17). Diese Beschäftigung steht oft in Verbindung mit der Futtersuche und verringert Stress. Fehlt eine solche Einstreu, dann suchen Gerbile sich als Ersatz eine Käfigecke zum Scharren.

Nagen und nochmals nagen: Rennmäuse gehören zu den nagefreudigsten Tieren überhaupt (→ Seite 52). Wenn sinnvolle Knabbermöglichkeiten fehlen oder wenn Witterung zu einem Nachbarkäfig aufgenommen wurde, wird mit großer Ausdauer am Käfiggitter genagt.

Streunen und markieren: Täglich inspizieren Rennmäuse ihr Terrain, um Nahrung zu suchen und um es gegen Eindringlinge zu verteidigen. Dabei kontrollieren sie auch, ob noch überall Duftmarken ihr Revier abgrenzen. Neues wird durch Überstreifen der Duftdrüse markiert und so in Besitz genommen (→ Seite 27).

Beschnuppern: Es gehört zum Erkennungsritual. Und wehe dem, der nicht nach dem eigenen Clan riecht! Die kleinen Rowdies balgen sich mit Bekannten in wilden Scheinkämpfen und betrommeln sich mit den Vorderpfoten. Fremde hingegen werden ernsthaft attackiert.

Springen und klettern: Rennmäuse haben eine enorme Sprungkraft: Sie können aus dem Stand bis zu 40 cm hoch springen – bei

> *Versteckmöglichkeit mit Rückendeckung: Eine Papiertüte ohne giftigen Aufdruck ist ganz nach Rennmaus-Geschmack.*

einer Körpergröße von 10 bis 12 cm ohne Schwanz. Raues erklimmen sie im Nu.

Ein Nest bauen: Grobes Material zernagen sie in kleinste Stückchen und tragen es dann zum Nest. Papier wird von Rennies fein gekräuselt, dann fast faserig »zerzupft«. Grobe Halme zerbeißen sie zu dünnsten Fasern. Dies alles verweben sie gern filzartig in ihrer Nesthöhle.

Pflegeritual

Sich putzen: Rennmäuse sind reinliche Tiere, die sich mehrmals am Tag ausgiebig putzen. Erst lecken sie die Pfoten, dann streichen sie damit Schnauze und Tasthaare sauber, danach reinigen sie Bauchfell, Flanken und Rücken.

Soziale Fellpflege: Gegenseitige Fellpflege ist weit mehr als reine Putzhilfe. Rennmäuse zeigen damit auch ihre Zuneigung. Beim Putzen verteilte individuelle Duftstoffe ermöglichen die Wiedererkennung (→ Seite 27).

Im Sand baden: Als wasserscheue Tiere bevorzugen Rennmäuse ein Bad in feinem, sauberem Sand. Sie wälzen sich darin mit einer blitzartigen Körperdrehung. So wird

Wie gut kennen Sie Ihre Rennmaus?

	Ja	Nein
1. Sind Wüstenrennmäuse Wüstentiere?	☐	☐
2. Ist freier Auslauf außerhalb des Käfigs wichtig?	☐	☐
3. Nimmt man eine Rennmaus am Schwanz hoch?	☐	☐
4. Brauchen Rennmäuse regelmäßig Wasser?	☐	☐
5. Fressen Rennmäuse Insekten?	☐	☐
6. Können Rennmäuse mehr als zehn Junge bekommen?	☐	☐
7. Sind sie nur nachts aktiv?	☐	☐
8. Baden Rennmäuse gern im Sand?	☐	☐
9. Sollte man Rennmäuse als Einzeltier halten?	☐	☐
10. Ist das Nagen eine ihrer Lieblingsbeschäftigungen?	☐	☐
11. Kommt die Tyzzer-Krankheit auch stressbedingt zum Ausbruch?	☐	☐

Auswertung: Gratulation! Wenn Sie alle Fragen richtig beantwortet haben, sind Sie ein super Rennmauskenner. Ab drei falschen Antworten könnten Sie allerdings noch ein wenig über Ihre kleinen Heimtiere dazulernen!

1=Nein; 2=Ja; 3=Nein; 4=Ja; 5=Ja; 6=Ja; 7=Nein; 8=Ja; 9=Nein; 10=Ja; 11=Ja

das Fell von überschüssigem Fett und Schmutz befreit.

Laut- und Körpersprache

Der Rennmaus-Dolmetscher:
Fiepen: Angstschrei bei Rangeleien. Jungtiere rufen nach der Mutter.
Leises Zwitschern oder Wispern: Äußerung von Neugeborenen und bei der sozialen Fellpflege.

Trommeln mit den Hinterpfoten: Ausdruck von Erregung – sowohl bei Gefahr als auch bei der Paarung.
Schnurren: behagliche Vibration.
Männchen machen: Absichern vor Feinden.
Betrommeln: aufgerichteter Boxkampf, meist als liebevolles Kräftemessen.
Kopf tief ducken: beschwichtigende Demutsgebärde.

Verhaltensdolmetscher
Rennmäuse

Rennmäuse zeigen auch als Heimtiere ihr faszinierendes natürliches Verhalten. Hier erfahren Sie, was sie damit ausdrücken möchten **?** und wie Sie richtig darauf reagieren **➔**.

> Die Rennmaus verschwindet im Versteck und schaut gleich darauf vorsichtig heraus.

? Das Tier fühlt sich in der Höhle sicher und prüft, ob weiterhin Vorsicht geboten ist.
➔ Vermeiden Sie alles, was das Tier beunruhigen könnte.

> Die Rennmaus richtet sich unvermittelt auf und schaut oder schnuppert umher.

? Mit diesem Verhalten überprüft das Tier immer wieder seine Umgebung auf Gefahren.
➔ Verhalten Sie sich ganz ruhig und unauffällig.

Mutter und Junges gehen gemeinsam auf Entdeckungstour.

? In diesem wichtigen Lebensabschnitt der Jungtiere lernen sie sehr viel von den Eltern.

→ Trennen Sie die Jungen nicht zu früh von ihren Eltern.

Die Rennies tummeln sich im Nest oder Gehege und stapeln sich dabei sogar übereinander.

? Die Tiere suchen den Körperkontakt zum Artgenossen, um sich rundum wohl zu fühlen.

→ Halten Sie Rennmäuse nach Möglichkeit nie allein.

Auf Erkundungsgängen wird viel geklettert und herumgestreunt.

? Rennies sind von Natur aus sehr umtriebig und neugierig.

→ Bieten Sie Spielzeug an, vermeiden Sie Gefahren.

Bei Begegnungen beschnüffeln sich zwei Tiere gegenseitig.

? Rennies erkennen Clan-Mitglieder an dem Geruch, den sie untereinander verteilen.

→ Setzen Sie fremde Tiere nie unvorbereitet zueinander.

Die Sache mit dem Nachwuchs

Es ist für jeden Halter aufregend und schön, zu beobachten, wie Rennmäuse ihre Jungen aufziehen. Sie vermehren sich meist problemlos und können alle vier bis sechs Wochen durchschnittlich ein bis fünf Junge bekommen – aber auch elf.

> *Rennmaus hoch hinaus: der erste, noch etwas unbeholfene Ausflug.*

Es kann sich als schwierig erweisen, all den Nachwuchs in liebevolle Hände zu vermitteln (→ Tipp). Denken Sie bitte rechtzeitig daran.

Partnerwahl

Rennmäuse werden mit sieben bis zwölf Wochen geschlechtsreif und bleiben meist bis zu einem Alter von zwei Jahren zeugungsfähig. Am ehesten freunden sich Jungtiere mit sechs bis acht Wochen an. Sie paaren sich zeit ihres Lebens mit demselben Partner. Dieses ranghöchste Pärchen im Clan ist zumeist der Rudel-Chef. In der Regel vermehrt sich das ranghöchste Weibchen.

Paarungsritual

Der Geruch des Weibchens verrät dem Männchen, ob es paarungsbereit ist. Erregt trommelt er mit den Hinterpfoten (→ Seite 29) und beginnt sie stürmisch durch das Areal zu treiben. Ist sie willig, stoppt sie für einen kurzen Moment, hebt das Hinterteil deutlich an und das Männchen springt sofort auf. Die Begattung selbst geht sehr schnell vor sich. Gleich darauf beginnt dieses Liebesspiel von Neuem und wird viele Male wiederholt.

Tragzeit

Die Tragzeit beträgt in der Regel 23–26 Tage, kann aber bis zu 43 Tage andauern, wenn das Weibchen gleichzeitig viele Junge säugt. Es bekommt jetzt mehr Appetit: Mehlwürmer und Joghurt,

TIPP

Wohin mit dem Kindersegen?

➤ Abgeben an Freunde und Bekannte: Nur sehr wenige Nachkommen werden Sie so gut unterbringen.

➤ Zoofachgeschäft: Erkundigen Sie sich vorher nach dem Bedarf und lassen Sie sich vormerken. Große Farbenvielfalt erhöht die Absatzchancen.

➤ Inserat im Anzeigenblatt oder im Internet: Absatzmöglichkeiten sind unsicher.

➤ Weiteren Nachwuchs verhindern: Rennmäuse in gleichgeschlechtliche Gruppen aufteilen oder Männchen kastrieren lassen.

> Im »Flohstadium« müssen die Jungtiere noch viel von den Eltern lernen: Wie geht was? Wie findet man leckeres Futter? Dieses Kleine lässt sich sein erstes Erfolgserlebnis schmecken.

auch ein paar Sonnenblumenkerne extra werden dankbar verzehrt (→ Seite 39). Ein Kalkblock zur Mineralstoffergänzung wird nun gieriger angenagt. Erst wenige Tage vor der Geburt erscheint der Unterleib des Weibchens deutlich dicker; sie richtet das Nest her und polstert es behaglich aus. Bieten Sie ihr genügend weiches Material dafür an (→ Seite 17).

Geburt

Die restlichen Familienmitglieder lassen das Weibchen ungestört und ziehen sich aus dem Wurfnest zurück. Eins nach dem anderen kommen so durchschnittlich fünf nackte, blinde und taube Junge zur Welt. Kurz nach der Geburt ist das Weibchen erneut paarungsbereit – eine Gelegenheit, die das Männchen häufig nützt.

Jungenaufzucht

Vermeiden Sie jede unnötige Störung des Nestes, denn das könnte das Weibchen unruhig machen, sodass es verstört seine eigenen Jungen vernachlässigt. Es braucht Ruhe, um die hilflosen Neugeborenen 21–30 Tage lang zu säugen. Die Versorgung mit tierischem Eiweiß sollte auf jeden Fall sichergestellt sein, sonst könnte ein Fehlverhalten des Muttertiers (Auffressen der eigenen Jungen) begünstigt werden. Auch der Vater hilft fürsorglich mit und wärmt bereitwillig die nackten Jungen, wenn die Mutter mal das Nest verlässt. Denn die Jungtiere können ihre Körpertemperatur selbst noch nicht konstant halten.

Fragen rund um Eingewöhnung und Nachwuchs

? Obwohl meine beiden Rennmäuse einen großen Käfig für sich haben, streiten sie immer öfter. Habe ich bei der Eingewöhnung etwas falsch gemacht?
Wenn Rennmäuse einen zu großen Käfig haben, ergibt sich manchmal ein besonderer Effekt: Sie gehen sich zu oft aus dem Weg und entwickeln ein eigenständiges Revierbewusstsein. Das kann so weit gehen, dass sie sich nicht mehr als Gruppe sehen, sondern den jeweils anderen als Eindringling, gegen den das »eigene« Revier verteidigt werden muss. Die aggressi-

vere Rennmaus wird meist wieder friedlich, wenn man sie für einen halben Tag in einen sehr kleinen Transportkäfig setzt (→ Seite 24).

? Mein Rennmausweibchen ist, seit es Junge hat, besonders zutraulich: Es leckt seit ein bis zwei Tagen immer wieder an meiner Hand! Ist es jetzt zahm?
Das hat vermutlich einen anderen Grund: Es sucht nach Mineralsalzen. Während der Trächtigkeit und Jungenaufzucht geben die Mäusemütter mit der Milch viele Mineralstoffe an ihre Jungen ab, die

sie wieder ersetzen müssen. Sie sollten darauf achten, dass das Weibchen immer ausreichend mit Mineralien (z. B. einem Nagerstein aus dem Zoofachhandel), mit Kalzium (wichtig für den Knochenaufbau der Jungen!), aber auch mit Eiweiß versorgt ist. Aber: Das Lecken an den Käfigwänden kann manchmal auch bedeuten, dass die Tiere Durst haben, weil die Trinkflasche verstopft ist (→ Seite 17). Also: kontrollieren, gegebenenfalls Kugelventilverschluss beweglich machen, Luftblasen im Trinkrohr entfernen oder Flasche neu füllen.

? Meine Rennmaus hat bei ihrem ersten Wurf nur ein einziges Mäuschen geboren und kümmert sich nicht darum. Kann ich das Junge noch retten?
Es kommt immer wieder einmal vor, dass in einem Wurf

Hat sich erst einmal ein Paar gefunden, gibt es bald reichlich Junge.

nur ein Junges ist. Und leider wird das Weibchen dann oft nicht genügend stimuliert, säugen zu lassen oder Mutterinstinkte zu entwickeln. Die einzige Chance des Neugeborenen ist, wenn es eine andere Mutter, die gerade einen Wurf säugt (eine Amme), »adoptiert«. Solange es noch nackt ist, wird es von der »Adoptivmutter« meist problemlos akzeptiert. Falls sich in Ihrer Umgebung kein Muttertier findet, senden Sie einen Hilferuf in der Rennmaus-Mailing-Liste (→ Seite 60).

❓ Wann kann ich Junge frühestens von ihrer Mutter trennen?
Eigenständig sind Rennmäuse bereits mit rund vier, fünf Wochen, aber sie sind in diesem Alter noch sehr jung und haben noch viele Verhaltensweisen von ihren Eltern zu lernen. Eine Trennung sollte meines Erachtens nach frühestens sechs bis acht Wochen erfolgen.

❓ Ich habe Spaß an den bunten Farbschlägen der Rennmäuse und will sie selbst züchten. Wie geht das?
Welche Farben möglich sind, ist im Erbgut der Eltern fest-

gelegt. Ganz neue Farbschläge können nur entstehen, wenn bei der Reproduktion der Gene irgendwann mal ein kleiner Fehler auftritt. Dadurch kann die sonst festgeschriebene Information, wie die Verteilung des rotbraunen oder schwarzen Farbpigments stattfinden soll, verändert werden. Solche erforderlichen Mutationen treten spontan und wirklich sehr selten auf (derzeit wird weltweit vielleicht einmal in fünf Jahren ein neues Farbgen bekannt). Züchterdetails können Sie auf speziellen Internetseiten abfragen (→ Adressen, Seite 60).

❓ Was ist jetzt wichtiger: Mein Weibchen hat Junge bekommen und der Käfig ist dreckig. Soll ich die Verunreinigungen im Gehege entfernen oder die Jungen im Nest in Ruhe lassen?
Jetzt dürfen Sie auf keinen Fall das ganze Nest entfernen. Säubern Sie nur dort, wo es dringend nötig ist. Beim nächsten Wurf sorgen Sie bitte vorher dafür, dass der Käfig bereits sauber ist und Sie ihn nach der Geburt der Jungen vier Wochen lang nicht reinigen müssen.

Engelbert Kötter

MEINE TIPPS FÜR SIE

Schule des Vertrauens

➤ Von Natur aus tag- und nachtaktiv, unterteilen sich Rennmäuse den 24-Stunden-Tag in Wach- und Schlaf-Rhythmen von zwei bis vier Stunden, brauchen immer wieder ihre Ruhe, die zu respektieren ist.

➤ Da sie Bewegungen sehr gut registrieren, sollten Sie die Tiere niemals plötzlich von oben greifen. Denn das entspricht dem Feindbild »Achtung, Greifvogel!«. Erschrecken und Flucht wären die Folge.

➤ Halten Sie nach Möglichkeit regelmäßige Besuchstermine am Nagerheim ab.

➤ Lassen Sie den Tieren Zeit, sich an Sie und an Ihre Hände zu gewöhnen. Die Rennies müssen lernen, dass von Ihren Händen niemals Gefahr droht.

➤ Es ist wichtig, sie niemals mit der Hand zu scheuchen, denn das bewirkt die Prägung: »Achtung, Hand! Jetzt flüchten!« Und das wollen Sie doch vermeiden.

Fit-und-gesund-Programm

Ernährungsbausteine

Rennmäuse brauchen ein vielseitiges, abwechslungsreiches Futter. Aber von allem nie zu viel. Halten Sie möglichst regelmäßige Fütterungszeiten ein: Das schafft Vertrauen (→ Seite 35). Entfernen Sie nicht gefressenes Obst und Gemüse täglich.

(→ Seite 35)

> *Um den leckeren Hirsekolben zu ergattern, muss man schon fit sein.*

Körnerfutter

In freier Natur fressen Rennmäuse hauptsächlich verschiedene Getreidearten und feinere Sämereien, sind also fast Vegetarier. Der tägliche Trockenfutterbedarf liegt bei etwa 6 – 10 g pro Tier.

➤ Im Zoofachhandel finden Sie fertige Mischungen für Rennmäuse oder eine Theke zum Selbermischen. Sie können aber ebenso gut Futter für Goldhamster oder Wellensittiche kaufen.

➤ Hirse und ähnlich feine Sämereien (»Waldvogelfutter«) sind eine abwechslungsreiche Ergänzung, eine Scheibe Vollkorn-Knäckebrot schon eine Delikatesse.

➤ Sonnenblumenkerne und Nüsse müssen Leckerbissen bleiben. Zu viel davon bekommt der Verdauung schlecht und macht fett.

Grünfutter

In der Heimtierhaltung sind auch Gemüse und Obst wegen der enthaltenen Feuchtigkeit, Mineralstoffe und Vitamine begehrt, aber stets nur in kleinen Mengen.

➤ Beliebt sind Möhren, Chicorée, Endivie, Gurken und alle Obstarten, gelegentlich etwas gekochte Kartoffel.

➤ Weniger geeignet sind Kohl und Sellerie, weil sie zu Magen-Darm-Verstimmungen führen können.

➤ Im Winter haben zu reichlich gedüngter Spinat und Kopfsalat oft einen zu hohen Nitratgehalt!

➤ Füttern Sie keine rohen Bohnen und gekeimte oder

TIPP

Eigene Futtermischungen

➤ Müslimischungen ohne Zuckerzusatz, Getreidekörner, Haferflocken, Trocken-Suppengemüse, rohe Nudeln und feine Sämereien, das lieben meine Rennmäuse.

➤ Bereichern Sie das Eiweißangebot bei Bedarf mit etwas Erbsenflocken oder kleinen Bröckchen Katzen- oder Hundetrockenfutter.

➤ Wer sie nicht als Leckerbissen reserviert, kann bis zu 10 % Sonnenblumen- oder Kürbiskerne dazugeben.

➤ Täglich brauchen Rennmäuse auf jeden Fall 6–10 g Trockenfutter und 3–5 ml Wasser.

> *Tolles Rennmaus-Menü: Trockenfutter, Obst und Gemüse sowie ab und zu ein Insekt. Vor allem abwechslungsreich!*

grüne Kartoffeln, denn die sind giftig für die Tiere.

➤ Wildkräuter müssen gründlich gewaschen und abgetrocknet werden. Testen Sie auf keinen Fall unbekannte Kräuter, denn die könnten giftig sein. Sehr beliebt sind Löwenzahn und Vogelmiere von unbelasteten Flächen. Ungeeignet sind Sauerampfer und Rhabarber.

➤ Gern nagen Rennies im Winter Zweige als vitaminreiche Beikost. Aber nur von Obstgehölzen oder Weide, Birke, Haselnuss, Buche und Ahorn (→ Seite 52). Andere Gehölze können giftig sein.

Eiweiß

Muttertiere haben einen erhöhten Eiweißbedarf (→ Seite 33). Geeignet sind neben Mehlwürmern teelöffelweise Joghurt und Quark. Etwas Nager-Drops, gekochtes Ei oder Hundetrockenfutter dürfen ab und zu gefüttert werden.

Wasser

Genügend Frischkost kann schon ausreichen, den Wasserbedarf von etwa 3–5 ml pro Tag zu decken. Sicherer ist es in jedem Fall, Rennies Trinkwasser aus einer Trinkflasche anzubieten.

CHECKLISTE

Power-Futter: Basics

Proteine
✔ Sie bauen den Körper auf. Futteranteil: 12–15 %. Muttertiere brauchen mehr, nehmen auch tierisches Eiweiß.

Fett
✔ Fett, v. a. essenzielle Fettsäuren, sind lebenswichtig. Futteranteil: 4–8 %. In Nüssen und Sonnenblumenkernen.

Kohlenhydrate
✔ Sie liefern Energie. Futteranteil: 50–60 %. In Getreide.

Mineralien
✔ Sie stärken Knochen, Zähne und Stoffwechsel. In Getreide und Gemüse.

Vitamine
✔ Wichtig für den Schutz der Körperzellen. Vitamin A in Möhren, B und E in Getreide.

Pflege-Know-how

Jeden Tag gibt es bei den quirligen Nagern etwas Spannendes zu entdecken und zu tun. Zu welcher Tageszeit Sie die kleinen Flitzer versorgen, ist unerheblich. Günstig, aber nicht zwingend ist es, die Rennmäuse nicht gerade während ihrer Ruhephase zu stören. Am besten, Sie erledigen die tägliche Pflegeroutine immer zur gleichen Zeit. Das

schafft Vertrauen (→ Seite 35) bei den Tieren, die Sie bald schon zu diesen Zeiten erwarten. Für seltenere, aber wiederkehrende Arbeiten wie die gründliche Käfigreinigung werden Sie jeweils eine Stunde Zeit benötigen. Der Zeitaufwand für die tägliche Pflege beansprucht nur wenige Minuten reine Arbeit. Ich empfehle Ihnen aber, sich eine halbe oder ganze Stunde Zeit zu nehmen, um sich noch ein wenig mit Ihren Rennmäusen zu beschäftigen.

Einstreu wechseln

Rennmäuse sind es dank ihrer Herkunft als Steppentiere (→ Seite 7) gewöhnt, äußerst sparsam mit Wasser umzugehen. Weil sie folglich nur wenig Urin absetzen, spielen Nässe der Einstreu und Geruchsbildung bei ihnen praktisch keine Rolle. Nehmen Sie grobe Verunreinigungen und größere Ansammlungen von Kot aus dem Käfig. Wechseln Sie die Einstreu nicht zu oft. Rennmäuse markieren ihre Reviere mit Duftmarken und fühlen

> *Beim Männchenmachen dient der Schwanz als Stütze.*

CHECKLISTE

Pflegekalender

Täglich

✔ Futter: Eine Tagesration Trockenfutter (→ Seite 38) im Käfig verteilen. Übrig gebliebenes Feuchtfutter vom Vortag entfernen und durch frisches ersetzen, da es im Sommer schnell faulen kann.

✔ Beobachten und spielen: Sind alle Tiere da, gesund und munter? Keines ausgebüxt? Zeigen alle ihr normales Verhalten? Kündigt sich Streit an? Nagematerial kontrollieren und bei Bedarf ergänzen (→ Seite 52)!

Wöchentlich

✔ Wasser: spätestens nach einer Woche, besser alle zwei bis drei Tage, frisches Trinkwasser anbieten.

✔ Einstreu: grobe Verunreinigungen (»Klo-Ecke«) gegen frische Einstreu auswechseln. Sand erneuern und Nistmaterial ergänzen.

✔ Auslauf: zahmen Rennmäusen Freilauf im Zimmer gewähren (→ Seite 54).

Monatlich

✔ Käfig reinigen: Komplettreinigung des Käfigs samt Zubehör – mit heißem Wasser!

Bei Bedarf

✔ Desinfektion: Eine Käfigdesinfektion ist nur nach Erkrankungen nötig. Ein Tag in praller Sonne unterstützt die desinfizierende Wirkung.

1 **Ab in die Röhre!**

Am leichtesten fangen Sie Rennmäuse mit einer Papprröhre, in die Sie die Tiere hineinlocken. Dadurch werden die feinfühligen Tiere am wenigsten verschreckt und nicht handscheu. Und Sie werden nicht verleitet, die Flitzer am Schwanz zu ziehen (→ Seite 56) – der reißt nämlich schnell ab!

2 **Gut aufgehoben**

Erhalten Sie Ihren Lieblingen das Vertrauen in Ihre pflegenden Hände und nehmen Sie sie nur dann auf, wenn es unbedingt sein muss. Denn sie lassen sich nicht gern herumtragen. Zum sicheren Aufheben und Tragen verwenden Sie am besten beide Hände: Die eine trägt, die andere sichert von unten.

sich erst richtig wohl, wenn sie in einem markierten Terrain leben. Das Schlafnest (→ Seite 4) sackt nach und nach in sich zusammen. Damit es flauschig bleibt, legen Sie gelegentlich etwas Nistmaterial (→ Seite 17) nach. Nehmen Sie die Tiere zum Wechseln der Einstreu beim Großreinemachen (einmal pro Monat) aus dem Käfig und setzen Sie sie in einen Transportkäfig. Günstig, wenn Sie ein Käfig-Verbundsystem (→ Seite 15) haben: Dann können Sie die Rennies vorübergehend in einen freien Käfig locken.

Kontrollmaßnahmen

Während Ihrer Pflegezeit kommt es neben der Grundversorgung auch darauf an, die Aufmerksamkeit auf Veränderungen zu richten.

➤ Kontrollieren Sie Ihre Rennies auf Verhaltensänderungen. Erhöhte Aufmerksamkeit ist angeraten, wenn Rennmäuse gerade erst aneinander gewöhnt wurden, bei ersten Anzeichen von Streit oder wenn sich Nachwuchs ankündigt bzw. im Nest liegt.

➤ Überzeugen Sie sich immer: Schließen alle Käfigtüren noch dicht?

➤ Steht das Laufrad noch kippsicher? Prüfen Sie alle Aufbauten Marke Eigenbau auf ein Verletzungsrisiko.

➤ Vergewissern Sie sich, dass das Trinkröhrchen der Flasche entlüftet ist, sodass Wassertröpfchen ausfließen können. Zum Reinigen brauchen Sie eine Flaschenbürste.

➤ Haben Sie ein Auge auf die verbrauchten Futter- und Wassermengen: Ist weniger als üblich verzehrt worden, sodass ein Gesundheits-Check (→ Seite 44) ansteht?

➤ Ist noch genug Nagematerial für den Spaß-Faktor da?

Gesundheitsvorsorge

Rennmäuse sind sehr robuste Tiere, die nur selten krank werden. Halten Sie sich aus Liebe zu Ihren Schützlingen an die Vorsorge-Tipps, damit ihnen Krankheiten möglichst erspart bleiben. Achten Sie besonders auf eine artgerechte Haltung in einem entspre-

> Vorsicht, dass die Rennies sich nirgendwo unbemerkt einsperren!

chend großen Heim (→ Seite 14), gesunde Ernährung (→ Seite 38), Sauberkeit und immer für ausreichend interessante Beschäftigung Ihrer

Heimtiere (→ Seite 52). Beobachten Sie Ihre Tiere genau: Veränderungen im Verhalten und Aussehen können Sie so frühzeitig bemerken und gegensteuern.

Stress vermeiden

Stress macht im Allgemeinen krankheitsanfällig, wie seine Vermeidung umgekehrt manche Krankheiten seltener aufkommen lässt (z. B. stressunterstützter Ausbruch der Tyzzer-Seuche, → Seite 47). Ein nicht zu großer, dafür aber abwechslungsreich gestalteter Käfig mit vielen Versteck- und Beschäftigungsmöglichkeiten ist für Rennmäuse artgerecht und

gibt ihnen ein Gefühl von Sicherheit und Geborgenheit. Täglicher liebevoller Umgang ohne unnötige Störungen der Ruhepausen fördert ihre Widerstandskraft.

Und vergessen Sie nicht: Rennmäuse sind schreckhafte Tierchen, die nie abrupt von hinten oben gepackt werden wollen (→ Seite 64).

Gesundes Wohnen

Da Rennmäuse aus trockenen Gebieten stammen, vertragen sie keine Feuchtigkeit. Deshalb muss feuchte Einstreu sofort durch trockene ersetzt werden. Der Käfig sollte zwar gut belüftet stehen, Zugluft ist aber striktes Tabu.

TIPP

Gefahr erkannt, Gefahr gebannt

➤ Gefahren lauern außerhalb des Käfigs (→ Seite 54), aber auch innerhalb. Überprüfen Sie die Einrichtung von Zeit zu Zeit: Ist alles, was Sie in das Gehege gestellt haben, stabil, kipp- und verletzungssicher?

➤ Achten Sie darauf, dass beim Zusammenbauen von Käfig-Verbundsystemen alle Öffnungen dicht verschlossen sind. Dabei dürfen Zuschnitte aus Maschendraht keine hervorstehenden Drähte haben. Verdrahtungen so bauen, dass keine Schnauzenspitze, kein Pfötchen, keine Zehe hängen bleiben kann!

> *Futterhöhle und Versteck für ein paar Tage: Ein trockener Brot-laib wird eifrig an- und weggeknabbert.*

Damit Trinkflaschen möglichst wenig auslaufen, sollte das Trinkrohr mit einem Kugelventil dicht schließen.

Richtiges Füttern

Rennmäuse sind dankbar für regelmäßige Mahlzeiten und ihr gewohntes, vielseitig zusammengesetztes Futter. Vermeiden Sie plötzliche, grundlegende Futterumstellungen. Achten Sie auf eine vertrauenswürdige Herkunft des Heus. Es sollte nicht durch wild lebende Mäuse verschmutzt sein (sonst besteht Infektionsgefahr, z. B. mit der Tyzzer-Seuche, → Seite 47).

Sauberkeit – ein Muss!

Eine komplette und gründliche Käfigreinigung ist rund alle vier Wochen nötig. Nach infektiösen Krankheiten müssen Sie das Rennmausgehege gründlich desinfizieren. Die Trinkflasche soll mit einer Flaschenbürste unter fließendem heißem Wasser gesäubert und mit frischem Wasser gefüllt werden: alle zwei bis drei Tage, spätestens nach einer Woche.
Hygiene und Händewaschen sind besonders dann wichtig, wenn Sie selbst einen Schnupfen haben. So vermeiden Sie Ansteckungen.

CHECKLISTE

Krankheitsanzeichen

Fell
✔ Zeigen die Rennmäuse ein struppiges Fell, so ist das ein Alarmsignal: Parasiten oder Pilzerkrankungen kündigen sich durch gerötete Kahlstellen im Fell, Verkrustungen und häufiges Kratzen an.

Augen
✔ Verklebte Augen und eine stärker verkrustete Nase sind Krankheitsanzeichen.

After
✔ Eine mit Kot verschmierte Afterregion deutet meistens auf Durchfall hin.

Abmagerung
✔ Ernährungsfehler, Wurmbefall oder defekte Schneidezähne können eine Abmagerung bewirken.

43

Erste Krankheitsanzeichen

Es ist wichtig, dass Sie sich täglich eingehend mit Ihren Rennmäusen beschäftigen. Sobald Sie erste Anzeichen von Unbehagen an Ihren Tieren entdecken, sollten Sie genauer hinschauen und unmittelbar reagieren. Da sich der Zustand der kleinen Nager innerhalb von Stunden rapide verschlechtern kann, sollten Sie im Zweifelsfall sofort den Tierarzt aufsuchen.

Sitzt die sonst so quirlige Rennmaus lange regungslos da, braucht sie Hilfe.

Erste Hilfe

Bewahren Sie Ruhe und gönnen Sie die auch dem erkrankten Tier. Wenn sich eine kranke Rennmaus für längere Zeit mit gesenktem Kopf in eine Käfigecke zurückzieht, versucht sich der geschwächte Körper selbst zu helfen. Dabei können Sie einiges an Unterstützung leisten:

➤ Lassen Sie das erkrankte Tier, soweit dies möglich ist, in seiner vertrauten Umgebung. Eine Trennung von den Käfiggenossen würde nur zusätzlichen Stress bedeuten. Dazu kommt: Schon nach einem Tag Trennung könnte es Streit unter den Tieren geben, weil der Sippengeruch nicht mehr erkannt wird.

➤ Stellen Sie das Nagerheim an einem warmen Ort auf (ideal sind um 25 °C).

➤ Bieten Sie genügend weiches und wärmendes Nistmaterial an.

➤ Isolieren Sie einen Käfig mit infizierten Rennmäusen von allen anderen evtl. vorhandenen Rennmauskäfigen in demselben Raum.

Besuch beim Tierarzt

Mit einem Besuch beim Tierarzt ersparen Sie sich viel Kummer und verhindern, dass die kranke Rennmaus unnötig leidet oder gar unnötigerweise verendet. Ihr Liebling sollte Ihnen diesen Aufwand wert sein. Halten Sie bereits in gesunden Tagen Ausschau nach einem Kleintierarzt (→ Seite 62).

Zum Transport kann die Rennmaus im gewohnten Käfig bleiben, falls er nicht zu groß und unhandlich ist. Sonst ist ein kleinerer Transportkäfig günstiger. Wärme ist für das Tier auch beim Gang zum Tierarzt wichtig! Kotproben können ihm bei der genauen Diagnose hilfreich sein. Geben Sie nicht nur neue Einstreu in den Transportkäfig. Verwenden Sie das bestehende, wärmende Nest und genügend gebrauchte Einstreu von daheim. Sorgen Sie in der kalten Jahreszeit für zusätzliche Wärme, etwa mit einer Wärmflasche. Darauf stellen Sie dann den Käfig. Nehmen Sie für den Transport die Trinkflasche aus dem Käfig. Durch Erschütterungen kann sich das abdichtende Kugelventil bewegen und Wasser auslaufen. Ein Stückchen Möhre versorgt die Rennmaus währenddessen mit Feuchtigkeit.

Die häufigsten Symptome auf einen Blick

Das fällt auf	Mögliche Ursachen	Behandlung
Verletzungen, blutende Stellen, wund gescheuerte Nase	Beißerei, Wundscheuern an Gitterstäben, Kratzen	Kleine Verletzungen heilen meist von allein. Bei Entzündungen zum Tierarzt
Kahlstellen im Fell	Scheuern an Käfigteilen, übermäßige soziale Fellpflege, Vitaminmangel, Fellwechsel, Pilzinfektion	Bei entzündet geröteten Stellen: Pilzverdacht! Ansteckend! Hautkontakt meiden! Sofort zum Tier- und Hausarzt!
Ständiges Kratzen im Fell oder Ohr	Milbenbefall	Käfig gründlich desinfizieren. Medikament vom Tierarzt
Durchfall und verklebtes Hinterteil oder Apathie	Plötzliche Futterumstellung, verdorbenes Futter, Stress, aber auch bakterielle Infektionen, wie z. B. die gefürchtete Tyzzer-Seuche	Futter auf Schädlinge kontrollieren und ersetzen. Schwarztee mit 5 % Traubenzucker geben. Obst oder Grünzeug vorübergehend absetzen. Trinkt die Rennmaus nicht, Apathie oder geschwollener Unterleib: Antibiotika. Grundsätzlich Tiere vor Stress bewahren.
Kauen behindert, frisst nicht	Nagezähne zu lang, zu geringe Abnutzung wegen geschädigtem gegenüberliegendem Zahn	Nagemöglichkeiten bieten, zu lange Zähne vom Tierarzt kürzen lassen
Husten, Schnupfen, leise Klickgeräusche beim Atmen	Zugluft, Lungenentzündung; seltener: Hitzestress	Warmes Nistmaterial, geschützterer Käfigstandort
Verklebte oder hervortretende Augen, rotbraun verkrustete Nase	Vermehrte Absonderung des rotbraunen Harderschen Sekrets in die Augenhöhle wegen Zugluft; Allergie; Haar im Auge; zu staubige Einstreu	Einstreuart wechseln, Sekret abwischen. Wenn keine Besserung, zum Tierarzt
Laufen behindert, Nachziehen der Hinterbeine, Halbseitenlähmung	Zu lange Krallen, Verletzungen, aber auch Infektionen oder Schlaganfall	Tierarzt um Rat fragen. Krallen kürzen. Futter und Trinkwasser erreichbar halten
Krampfanfälle, plötzliche Reglosigkeit, Zittern	Stress, auch erblich bedingt	Käfig abwechslungsreicher gliedern, Stressanfälligkeit verringern, Mineralien anbieten
Wucherungen, Knoten	Tumorverdacht	Operation im Frühstadium mit guten Erfolgsaussichten

Krankenpflege

Das folgende A–Z der wichtigsten Rennmaus-Krankheiten hilft in den meisten Fällen weiter. Wenn sich aber ernsthafte Probleme einstellen, müssen Sie unbedingt einen Tierarzt aufsuchen.

> Wer mit so viel Appetit Kekse knabbert, dem geht es wieder besser.

Atemwegserkrankungen

Symptome: Husten oder Schnupfen, klickende Geräusche beim Atmen.
Ursachen: meist Zugluft oder Feuchtigkeit, auch zu hohe Luftfeuchte bei kühler Raumtemperatur; im Sommer auch Hitzestress möglich. Oder allergische Reaktion auf zu staubige Einstreu. Bei starken Beschwerden Verdacht auf Lungenentzündung.
Behandlung: Käfigstandort überprüfen; bei Kälte Infrarotlampe! Zum Tierarzt bei starken Symptomen.

Durchfall

Symptome: Die Rennmaus frisst weniger, hat breiigen Kot und ein verschmutztes Hinterteil.
Ursachen: Im günstigsten Fall liegen Verdauungsstörungen (z. B. verdorbenes Futter oder Wasser, zu viel Saftfutter) zugrunde. Im ungünstigsten Fall eine Infektion des Magen-Darm-Traktes.
Behandlung: vorübergehend Trockenfutter geben; tränken mit Schwarztee oder einem elektrolytischen Getränk vom Tierarzt. Dauern die Symptome länger als ein, zwei Tage, Tierarzt aufsuchen und Käfig vorsorglich desinfizieren.

Parasitenbefall

Symptome: auffällig häufiges Kratzen, Verkrustungen im gesamten Fell.
Ursachen: Milben oder auch Haarlinge.
Behandlung: eigenen Bestand von fremden, unsauberen Tieren fern halten. Mittel gegen diese Parasiten vom Tierarzt besorgen. Käfig, seine Umgebung und das Zubehör desinfizieren.

Hautinfektion

Symptome: stellenweise Haarverlust, Hautrötungen und offene Wunden. Oft zusammen mit Schwellungen von Nase und Pfoten.
Ursachen: bakteriell entzündete Hautaufschürfungen oder auch Bisswunden.
Behandlung: auf Hygiene achten, Käfig desinfizieren, Tiere vom Arzt mit Antibiotikum behandeln lassen.
Wichtiger Hinweis: Gerötete Kahlstellen im Fell können Glatzflechte anzeigen, die für Menschen ansteckend ist. Tierarzt konsultieren, bei Diagnose der Glatzflechte sofort Hausarzt aufsuchen.

Krämpfe

Symptome: unkoordinierte Bewegungen oder regungsloses, dann wieder zuckendes Daliegen. Gleicht epileptischem Anfall.
Ursachen: genetische Veranlagung, Hirnschädigung.
Behandlung: Stress vermeiden, mineralreiches (magnesiumreiches) Futter geben.

Schlaganfall

Symptome: halbseitige Lähmung oder ein Bein wird nachgezogen. Tritt meist bei Alttieren auf. Viele, nicht alle Tiere überleben.
Ursachen: Aderverschluss im Gehirn, meist altersbedingt verursacht, auch durch zu fetthaltige Ernährung.
Behandlung: Tier warm halten, Arzt aufsuchen, sicherstellen, dass das Tier fressen und saufen kann.

Tumoren

Symptome: Gewichtsverlust, sichtbare oder tastbare Verdickungen im und am Leib; einige Tiere überleben. Häufiger bei älteren Tieren.
Ursachen: Zellwucherungen.
Behandlung: Äußere Tumoren kann man oft herausoperieren. Mit Tierarzt Behandlungsaussichten besprechen.

> *Bei Wehwehchen tröstlich: gemeinsames Kuscheln im Wohlfühl-Heim.*

Tyzzer-Seuche

Symptome: Apathie, schneller körperlicher Verfall.
Ursachen: Bakterien; Infektion auch durch Hausmäuse; durch Stress begünstigt.
Behandlung: nur durch Tierarzt. Antibiotikum. Käfig desinfizieren.

Würmer

Symptome: Abmagerung, nachlassende Fruchtbarkeit.
Ursachen: Wurmbesiedelung des Darms.
Behandlung: Kotuntersuchung vom Tierarzt machen lassen. Medikament.

CHECKLISTE

Was tun bei Verletzungen?

✔ Wenn Sie offene Wunden an ihren Rennies entdecken, kann ein Unfall die Ursache sein oder auch Bisse nach Revier-Streitigkeiten.

✔ Stillen Sie die Blutung mit einem Alaunstift, desinfizieren Sie sie mit Jodtinktur (in Apotheken erhältlich).

✔ Hängt der skelettierte Schwanz ohne Fell an der Rennmaus, sieht das oft sehr schlimm aus, heilt zum Glück aber meist von allein.

✔ Achten Sie bei Verletzungen auf strenge Hygiene, um Wundinfektionen zu vermeiden. Bei großflächigen Wunden oder Komplikationen müssen Sie zum Tierarzt.

Fragen rund um die Gesundheit

❓ **Meine Rennmäuse buddeln wie wild in ihrer Einstreu und scharren dabei die Trinkflasche zu. Die läuft dann oft aus und alles wird feucht. Wie kann ich das verhindern?**
Da können Sie einiges dagegen tun: In einem Etagenkäfig hängen Sie die Trinkflasche statt ins Erdgeschoss besser über eine höher gelegene Etage. Da ist sie dann ebenso leicht zugänglich, aber dort liegt kaum Einstreu, die nass werden und die Gesundheit Ihrer Tiere gefährden könnte. In einem Käfig-Verbundsystem können Sie einen Fresskäfig einrichten, in den Sie einfach von vornherein weniger Einstreu füllen. Dort bringen Sie dann die Trinkflasche unter.

❓ **Meine junge Rennmaus ist wohl irgendwie ungeschickt im Laufrad hängen geblieben und hat sich dabei offenbar ein Bein gebrochen. Was soll ich jetzt bloß tun?**
Beinbrüche kommen mitunter vor. Aber in den meisten Fällen heilen sie von selbst so gut, dass die Rennmaus schon nach zwei bis drei Wochen wieder beschwerdefrei ist. Ein gebrochenes Bein wird instinktiv so lange nicht belastet, bis der Knochen wieder fest zusammengewachsen ist. Offene oder entzündlich geschwollene Brüche muss sich aber unbedingt ein Tierarzt ansehen und behandeln!

❓ **Eine von meinen vier Wochen alten Rennmäusen macht leise Klickgeräusche beim Atmen. Ich kann das deutlich hören, wenn ich sie nahe an mein Ohr halte. Ist das normal?**
Das junge Rennmäuschen muss unverzüglich von einem Tierarzt mit Antibiotika behandelt werden! Klickgeräusche sind ein Symptom von Lungenentzündung. Gerade junge Rennmäuse sind dafür anfällig. Beachten Sie, dass bestimmte Erkältungskrankheiten auch vom Menschen auf Rennmäuse übertragbar sein können. Hände waschen und strenge Hygiene sind also dann besonders wichtig, wenn man selbst erkrankt ist.

> *Viel Bewegung – das ist die beste Gesundheitsvorsorge für Rennmäuse.*

? **Meine Rennmaus hat so eigenartige braune Verkrustungen vorn an der Nase hängen. Kommt das vom Nasenbluten?**

Diese rotbraune Kruste rund um die Nase ist meist gar kein Blut, sondern das Sekret der Harderschen Drüse. Die sitzt jeweils hinter den Augen und sondert ein rotbraunes Sekret in die Augenhöhle ab. Das schützt das Auge vor dem Austrocknen und vor zu starker Sonnenstrahlung. Über den Tränen-Nasen-Kanal wird das Sekret auch zur Nasenspitze geleitet, wo es bei der sozialen Fellpflege gegenseitig im Fell verteilt wird. Es enthält wichtige Duft-Informationen für die Tiere. Bei Krankheiten und insbesondere bei Allergien auf staubige Einstreu (→ Seite 46) wird das Sekret aber im Übermaß gebildet. Probieren Sie daher zuerst einmal aus, ob ein Wechsel der Einstreuart Ihrer Rennmaus hilft.

? **Meine drei Jahre alte Rennmaus hat einen Tumor in der Duftdrüse. Soll ich sie in dem Alter noch operieren lassen?**

Durchaus! Gerade diese doch recht häufig vorkommenden Tumoren der Duftdrüse kann ein erfahrener Kleintierarzt gut operieren und der Eingriff wird auch in diesem Alter noch gut vertragen. Wartet man dagegen zu lange, kann es passieren, dass die Rennmaus den störenden Knubbel wegzubeißen versucht und dann daran verblutet.

? **Von meinen beiden alten Rennmäusen ist jetzt eine gestorben. Soll ich der anderen wieder einen Kumpel dazusetzen, damit sie sich wieder so richtig wohl fühlt?**

Ältere Rennmäuse gewöhnen sich nur schlecht aneinander; oft verbeißen sie sich. Ein Jungtier von ca. sechs Wochen könnte man besser dazu gewöhnen (→ Seite 24). Aber das Alttier hat einen solchen Altersvorsprung, dass das Jungtier bald wieder allein wäre. Dann hätten Sie bald wieder dasselbe Problem. Ich lasse die Alttiere deswegen lieber allein und sorge dafür, dass sie sich nicht langweilen. Ich biete ihnen genügend Abwechslung innerhalb des Käfigs, lasse sie oft im Zimmer herumstreunen und spiele dabei so oft wie möglich mit ihnen.

Engelbert Kötter

MEINE TIPPS FÜR SIE

Die alternde Rennmaus

➤ Rennmaussenioren werden ruhiger und benötigen nicht mehr so viel Eiweiß und Fett. Reduzieren Sie Nüsse und Sonnenblumenkerne. Zu fette Kost erhöht das Risiko von Kreislauferkrankungen. Achten Sie auf ausreichend Bewegung.

➤ Im Alter steigt die Gefahr von Tumoren. Besprechen Sie in schweren Fällen mit dem Tierarzt, ob Sie das Tier einschläfern lassen.

➤ Ist von einem Paar ein Einzeltier übrig geblieben, bieten Sie ihm besonders abwechslungsreiche Beschäftigungen, denn es hat ja jetzt außer Ihnen keinen Spielpartner mehr.

➤ Für Kinder kann der Tod der geliebten Rennmaus eine schmerzliche Todeserfahrung sein. Lassen Sie sie damit nicht allein.

➤ Wo es möglich ist, können Sie das verstorbene Tier in Ihrem Umfeld begraben. So bleibt ein Ort der Erinnerung an das Tier.

Beschäftigungs-Programm

Lieblingsspiele

Rennmäuse sind die sprichwörtliche Neugier auf vier flinken Füßchen. Kein anderes Heim-Nagetier kann es mit ihnen an wuseliger Entdeckerfreude aufnehmen. Deswegen macht es auch so viel Freude, sich mit ihnen zu beschäftigen.

> Klettern macht nicht nur Spaß, sondern hält auch fit und gesund.

Spielzeug aus dem Zoofachhandel

Bieten Sie möglichst viel Spielzeug an. Davon gibt es im Zoofachhandel mehr als genug: Wippen, Sisalkugeln, Kletterhölzer, Leitern oder Burgen – stöbern Sie bei Ihrem Zoofachhändler, denn dort finden Sie nicht nur schnell das Passende, dort werden Sie auch fachmännisch beraten. Bedenken Sie, dass Rennmäuse im Nu alles zernagen: Spielzeug aus Kunststoff ist also ungeeignet. Zumindest aus (ebenfalls bald angeknabbertem) Holz sollte es schon sein. Das Laufrad am besten gleich aus Metall. Es kommt dem Bewegungsdrang von Speedy Gonzales sehr entgegen, kann den Auslauf außerhalb der Käfiggitter (→ Seite 54) aber nicht ersetzen.

Nagen

Rennmäuse müssen einfach immer und überall etwas zum Nagen haben, sonst kommt Langeweile auf. Gleichzeitig werden dadurch ihre ständig nachwachsenden Nagezähne abgenutzt (→ Seite 45).

➤ Sie lieben zum Beispiel Pappröhren, saubere Eierkartonagen und Pappschachteln.
➤ Zweige von ungiftigen Gehölzen (→ Seite 39) haben sie zum »Fressen« gern.
➤ Brettchen von Obstkisten zerfleddern Rennmäuse beizeiten und verwenden die Späne gern als Einstreu (→ Seite 16), in der es sich wunderbar herumwühlen lässt.

TIPP

Sicheres Spielzeug

➤ Spielzeug aus dem Zoofachhandel ist vertrauenswürdig und ungefährlich, z. B. Kletterwurzeln und -steine.
➤ Achten Sie auf die Sicherheit bei selbst gebautem Spielzeug: Aus Brettern von Obstkistchen alle Metallklammern und Nägel entfernen!
➤ Pappschachteln zum Zernagen müssen sauber sein, Eierkartonagen frei von Eiresten (Salmonellengefahr!).
➤ Selbst gesammeltes Kletterholz muss trocken und mit der Drahtbürste sauber gebürstet sein.

➤ Leckereien wie Erdnüsse mit Schale bieten Nage- und Fressspaß in einem. Sie sollten die Kleinen wegen des hohen Nährwerts aber nicht zu oft damit verwöhnen.

Wühlen und buddeln

Wühlen, buddeln oder sich verstecken – das kommt in der Beliebtheitsskala der Rennmaus-Spiele gleich nach dem ausgiebigen Nagen. Wühlen Rennmäuse mit der Nasenspitze in der Einstreu, dann suchen sie meist nach Fressbarem (→ Seite 16). Buddeln die Rennies aber so wild und ungestüm, dass die Einstreu durch den Käfig fliegt, dann machen sie das aus purem Vergnügen, um Gänge oder ein Nest zu bauen.

Instinktiv kriechen Rennmäuse gern in Verstecke. Das können geöffnete, umgedrehte Eierkartonagen sein. Ebenso gut sind Holzwurzeln. Solche Schlupfwinkel sind ideal, um sich bei (vermeintlicher) Gefahr rasch zurückziehen zu können. Beliebt sind auch Pappröhren oder Plexiglasröhren (mindestens 50 mm Durchmesser) zum Hineinkriechen und Durchkrabbeln. Rennmäuse, die immer wieder wie wild in einer Käfig-

Solche Nestkugeln bieten gleich mehrere Reize: Sie werden benagt, beklettert – und wer der Erste ist, der darf hineinkrabbeln.

ecke wühlen, sind unterfordert und »beklagen« sich so über einen zu kleinen Käfig oder fehlende Beschäftigungsmöglichkeiten. Zu beobachten ist ein solches Verhalten häufig nach der Rückkehr vom Auslauf. Wenn Sie jetzt Nagematerial zum Abreagieren anbieten, sind sie wieder beschäftigt und zufrieden. Doch auch bei noch so liebevollem Umgang mit Ihren Tieren (täglich mindestens eine halbe Stunde) können Sie die Gruppe nie ersetzen.

Fitness-Parcours

Als Bewegungstiere brauchen Rennmäuse möglichst viele Gelegenheiten, sich auszupowern, um richtig fit zu bleiben. Denken Sie daran, dass sie bereits in ihrem Heim ausreichend Platz zum Balgen, ein Laufrad (→ Seite 16, 17) zum Flitzen und möglichst

➤ Selbst beim intensiven Spiel wird zwischendurch kurz gesichert.

verschiedene Ebenen oder sogar Verbundkäfige zum Wechseln (→ Seite 15) haben sollten. Ihr größtes Vergnügen ist und bleibt das »Outdoor-

Erlebnis« – das zwar außerhalb des Käfigs, allerdings in geschlossenen Räumen stattfindet. Die große Freiheit beginnt für die flinken Flitzer jenseits des Käfigs. Gönnen Sie ihnen das Vergnügen – am besten mindestens einmal pro Woche. Wie groß ihr Auslauf-Radius ist, hängt davon ab, ob Sie noch den Überblick behalten können.

Sicherer Freilauf

Bevor Ihre Rennies ins große Abenteuer starten, müssen Sie die Wohnung rennmaus-sicher machen:

➤ Entfernen Sie alles, was vor ihren Nagezähnen in Sicherheit gebracht werden muss: Bücher am Boden oder Zeitschriften, Strickzeug usw.

➤ Zimmerpflanzen, Putzmittel, Medikamente und Elektrokabel dürfen nicht erreichbar sein.

➤ Öffnen und schließen Sie Türen nur ganz vorsichtig und achten Sie auf jeden Ihrer Schritte.

➤ Entfernen Sie alles, in das Rennmäuse klettern oder stürzen könnten und aus dem

sie nicht von allein wieder herauskommen.

➤ Halten Sie Außentüren und Fenster ganz geschlossen (nicht kippen).

➤ Rennmäuse können rund 40 cm hoch springen sowie an rauen Wolldecken hochklettern – denken Sie daran.

➤ Damit die Tiere nicht handscheu werden und einmal gewonnenes Vertrauen zerstört wird, fangen Sie die »Freigänger« am Ende des großen Vergnügens nicht mit der Hand ein. Besser, Sie locken sie in eine Röhre (→ Seite 41, 53). Oder Sie ermöglichen den Zugang zum geöffneten Nagerheim, sodass sie nur noch hineinspazieren müssen.

Knackiger Futterpfad

Wollen Sie die neugierigen Nager beim Freilauf an einen bestimmten Ort locken oder gewöhnen, dann bauen Sie einen verlockenden Futterpfad auf. Denn wo es etwas Leckeres zu fressen gibt, da bleiben Rennies nicht fern. Knackige Nüsse werden ebenso gern angenommen

> *Für eine Weile wird diese Brücke halten. Sobald sie zernagt ist, können die Späne als Einstreu und fürs Nest dienen.*

wie ein Stück süßer, frischer Apfel. Auch Sonnenblumenkerne sind begehrte Leckerbissen oder der eine oder andere Mehlwurm (→ Seite 39). Berücksichtigen Sie die zusätzlich weggeputzten Snacks der Rennmäuse bei der Bemessung ihrer üblichen Futterrationen (→ Seite 38).

Abenteuerspielplatz

Sie können ebenso gut einen geeigneten Zimmerteil für den Freilauf abgrenzen. Dort können Sie dann einen Abenteuerspielplatz einrichten mit allem zum Knabbern, Klettern und Verstecken

(→ Seite 53) ganz nach dem Geschmack der flotten Flitzer. Bei Spielplatzaufbauten Marke Eigenbau müssen Sie alle Gefahren durch Einklemmen, Hängenbleiben oder umfallende Bauteile von vornherein ausschließen. Für die Winzlinge ist alles zum Spielen geeignet, in das sie hineinkriechen, durch das sie hindurchkrabbeln, unter dem sie sich verstecken, auf das sie hinaufklettern oder das sie benagen können – von Holzklötzen über Röhren und Pappschachteln bis hin zu Aststücken, Wurzeln oder Klinkeraufbauten.

CHECKLISTE

Urlaubssitter

Verlängertes Wochenende
✔ So lange halten die Rennmäuse es gut allein aus, wenn sie mit Futter und Wasser gut versorgt sind.

Eine Woche
✔ In dieser Zeit sollte eine Person Ihres Vertrauens die Pflege für Sie übernehmen.

Längere Abwesenheit
✔ Reinigen Sie den Käfig und besorgen Sie Vorräte an Futter, Einstreu und Nagegut.

Einweisung
✔ Erklären Sie der Pflegeperson alles und leihen Sie ihr diesen Tierratgeber (→ Seite 62).

Tierarzt
✔ Hinterlegen Sie Ihre Rufnummer und die Ihres Tierarztes für den Notfall.

Fragen rund um Verhalten und Beschäftigung

? Wenn meine Renn-
mäuse beim Auslauf
Männchen machen, dann
wippen sie manchmal so ko-
misch auf und ab. Ist das ein
krankhaftes Zucken?
Dieses Verhalten ist keines-
wegs krankhaft, sondern eine
ganz normale Reaktion. Indem die Rennmäuse Männ-
chen machen, verschaffen sie
sich einen Überblick über ihre
Umgebung. Wenn sie dabei
auf und ab wippen, betrach-
ten sie ihre Umwelt aus zwei
verschiedenen Blickwinkeln,
die im Gehirn die Entfernung
zum betrachteten Punkt er-
mitteln helfen (→ Seite 27).

? Meine 10-jährige Tochter will ihre Rennmäuse
ihren Klassenkameraden in
der Schule vorführen. Scha-
det das den Tieren nicht?
Die Idee Ihrer Tochter ist
nicht ungewöhnlich. Allerdings bedeutet der Transport
immer einen Stress für die
Tiere. Besser wäre es – wie
schon in anderen Schulen
üblich –, sich eigene Rennmäuse in der Klasse zu halten.
In den Pausen sind sie belieb-
te Beobachtungsobjekte,
gepflegt wird nach einem
festen Pflegeplan. Und im
Biounterricht dienen sie der
Verhaltensforschung.

? Nach dem Auslauf
unserer Rennmäuse
fällt es meinen Kindern
schwer, sie einzufangen. Oft
erwischen sie sie gerade
noch an der Schwanzspitze.
Darf man sie so einfangen?
Achtung, Gefahr! Ihre Kinder
sollen die Rennmäuse unter
gar keinen Umständen am
Schwanz einfangen, ziehen
oder gar hochheben! Denn
von dem reißt sehr schnell
das Fell ab, sodass der skelettierte Schwanz (→ Seite 47)
an der Maus hängt und die
Kinder das Fell in der Hand
halten. Das Skelettstück
trocknet ein und fällt ab. Die
Rennies tun sich aber schwer,
ohne Schwanz beim Klettern
das Gleichgewicht zu wahren.
Besorgen Sie längere Pappröhren zum Auslegen (z. B.
Versandtaschen für Poster),
damit die Rennies hinein-
krabbeln und in den Käfig
gesetzt werden können.

> Ein Glasmurmel-Spiel garan-
> tiert Abwechslung für Renn-
> mäuse.

? Unsere Rennmäuse nagen wie wild an den Gitterstäben, wenn sie nach dem Auslauf wieder in ihr Heim zurückmüssen. Was kann ich dagegen tun?

Die Tiere sind sauer, weil sie nicht mehr nach Herzenslust frei herumstreunen dürfen. Sie haben zwei Möglichkeiten: Entweder lassen Sie die Tiere sehr lange frei laufen und beenden den Freigang damit, dass die Rennies freiwillig in den geöffneten Käfig zurückkehren können. Oder Sie bieten den Tieren Nagematerialien an, damit sie sich nach dem Wiedereinsperren gleich auf eine weitere Lieblingsbeschäftigung stürzen können (→ Seite 52).

? Meine Rennmäuse toben in ihrem Laufrad so ungestüm, dass immer der ganze Käfig rumort. Das stört nachts, weil sie in meinem Zimmer stehen. Soll ich das Laufrad rausnehmen?

Gönnen Sie Ihren Rennmäusen den Laufrad-Spaß. Sie sehen ja, wie intensiv sie es nutzen. Dieses Problem kommt bei Geräten, die am Gitter aufgehängt werden, leider ziemlich häufig vor. Mein Vorschlag: Das Rad sollte einen Ständer haben und zum Aufstellen (→ Seite 16) sein, nicht zum Einhängen ins Gitter. Beschweren Sie den Fuß des Laufrades mit einer kippsicher aufgelegten Kachel, damit es dem Ansturm der kleinen Rowdies auch gewachsen ist. Sonst könnte es bei emsigem Gebrauch schon mal umfallen und ein Pfötchen dabei gebrochen werden.

? Ich bin ein Nachtmensch und habe oft Lust, sehr spät mit meinen Rennmäusen zu spielen. Brauchen meine Heimtiere nachts auch ihre Ruhe oder darf ich sie da stören?

Gleich vorab: Sie dürfen! Das ist ja das Tolle an diesen Heimtieren, dass sie tagsüber ebenso aktiv sind wie nachts. Die kleinen Nager haben einen Wach-Schlaf-Rhythmus von etwa zwei bis vier Stunden. Das bedeutet, dass sie nicht die eine Tageshälfte komplett verschlafen, um in der anderen aktiv zu sein. Selbst wenn Sie sie manchmal nachts wecken, sind die Rennies gleich hellwach und gehen von selbst wieder in ihr kuscheliges Schlafnest, wenn ihnen danach ist.

Engelbert Kötter

MEINE TIPPS FÜR SIE

Mensch als Klettergerüst

➤ Spielen Sie öfter mal mit: Setzen Sie sich während des Auslaufs der Rennmäuse zu ihnen auf den Boden – und werden Sie so für sie zum »lebendigen Klettergerüst«.

➤ Verhalten Sie sich ruhig und lassen Sie die Tiere erst ihre Umgebung erkunden. Sobald sie dann auch Sie als spannend entdeckt haben, werden sie Sie beschnuppern und vor Ihnen Männchen machen.

➤ Locken Sie die kleinen Flitzer anfangs mit Leckereien wie Nüssen zu sich und an sich hoch.

➤ Wenn Sie raue, weite Textilien wie z. B. einen Wollpulli tragen, können die Rennmäuse leicht an Ihnen hochklettern.

➤ Behalten Sie bei diesem Spiel immer den Überblick: Vermeiden Sie ruckartige, schnelle Bewegungen. Stehen Sie vorsichtig wieder auf, um kein Kerlchen zu verletzen.

Adressen

Verbände/Vereine

➤ Bundesarbeitsgruppe Kleinsäuger e.V., Geschäftsstelle: Schulzoo Leipzig e.V., Binzer Str. 14, 04207 D-Leipzig (nur Fragen zur Haltung möglich), www.schulzoo.de

➤ Rassezuchtverband Österreichischer Kleintierzüchter (RÖK), Geschäftsstelle: Mollgasse 11, A-1180 Wien www.kleintierzucht-roek.at *Fragen zur Haltung und Gesundheit von Heimtieren*

➤ Tierschutzzentrum der Tierärztlichen Hochschule Hannover, Bünteweg 2, D-30559 Hannover, www.tierschutzzentrum.de

➤ Deutscher Tierschutzbund e. V., Baumschulallee 15, D-53115 Bonn, www.tierschutzbund.de *Hier erhalten Sie die Adresse eines Tierheims in Ihrer Nähe.*

Rennmäuse im Internet

Praxistipps und Informationen zu Pflege, Ernährung und Gesundheit von Rennmäusen, Buchtipps, Mailing-Listen, Adressen von Vereinen und Clubs finden Sie auf diesen Internetseiten:

➤ www.gerbils.co.uk (engl.)

➤ www.geocities.com/eberbeck

➤ www.rennmaeuse.de.vu *Spezialisiert auf Farbvarianten, Züchtung und Genetik:*

➤ home.wtal.de/ehr/gerbils

➤ www.gerbil-info.com (engl.)

Fragen zur Haltung beantworten

Ihr Zoofachhändler und der Zentralverband Zoologischer Fachbetriebe Deutschlands e.V. (ZZF), Tel. 0 61 03/91 07 32 (nur telefonische Auskunft möglich: Mo 12-16 Uhr, Do 8-12 Uhr), www.zzf.de

Bücher

➤ Berghoff, P. C.: Tierärztliche Heimtierpraxis, Bd. 1, Kleine Heimtiere und ihre Erkrankungen. Parey Verlag, Berlin

➤ Hohenberger, Dr. E.: Heilkräuter für gesunde Heimtiere. Naturbuch Verlag, Augsburg

➤ Ludwig, C.: Kinder brauchen Tiere. VGS Verlagsgesellschaft, Köln

➤ Rauth-Widmann, B.: Ratten, Mäuse und Rennmäuse als Heimtiere. Verlagshaus Oertel + Spörer, Reutlingen

➤ Schmidt, G.: Hamster, Meerschweinchen, Mäuse und andere Nagetiere. Ulmer Verlag, Stuttgart

Zeitschriften

➤ Ein Herz für Tiere. Gong Verlag, Ismaning

➤ Rodentia. Natur und Tier Verlag, Münster

Dank

Der Autor dankt Ehrenfried Ehrenstein, mit dem er bereits 1985 begann, Rennmäuse systematisch zu züchten. Er ist Rennmaus-Experte in Sachen Genetik und Züchtung sowie bei allen Gesundheitsthemen.

Der Autor

Kleine Nager haben den freien Journalisten Engelbert Kötter seit mehr als fünfzehn Jahren begleitet. Er beschäftigt sich mit Rennmausforschung, insbesondere mit artgerechten Haltungsmethoden für Rennmäuse, und hat hier zu Lande Pionierarbeit geleistet, Rennmäuse im Zoofachhandel zu etablieren.

Die Fotografin

Christine Steimer hat sich auf die Heim- und Haustierfotografie spezialisiert. Sie arbeitet für internationale Buchverlage, Fachzeitschriften und Werbeagenturen.

Impressum

© 2002 GRÄFE UND UNZER VERLAG GmbH, München. Alle Rechte vorbehalten. Nachdruck, auch auszugsweise, sowie Verbreitung durch Bild, Funk, Fernsehen und Internet, durch fotomechanische Wiedergabe, Tonträger und Datenverarbeitungssysteme jeder Art nur mit schriftlicher Genehmigung des Verlages.

Redaktion: Sibylle Kolb
Lektorat: Theresa Stöhr
Layout: independent Medien-Design, München
Satz: Uhl + Massopust, Aalen
Produktion: Ute Hausleiter
Repro: Fotolito Longo, Bozen
Druck und Bindung: Kaufmann, Lahr
Printed in Germany
ISBN 3-7742-5583-0

Auflage	5.	4.	3.
Jahr	2007	06	05

Ein Unternehmen der
GANSKE VERLAGSGRUPPE

Das Original mit Garantie

Ihre Meinung ist uns wichtig. Deshalb möchten wir Ihre Kritik, gerne aber auch Ihr Lob erfahren. Um als führender Ratgeberverlag für Sie noch besser zu werden. Darum: Schreiben Sie uns! Wir freuen uns auf Ihre Post und wünschen Ihnen viel Spaß mit Ihrem GU-Ratgeber.

Unsere Garantie: Sollte ein GU-Ratgeber einmal einen Fehler enthalten, schicken Sie uns das Buch mit einem kleinen Hinweis und der Quittung innerhalb von sechs Monaten nach dem Kauf zurück. Wir tauschen Ihnen den GU-Ratgeber gegen einen anderen zum gleichen oder ähnlichen Thema um.

GRÄFE UND UNZER VERLAG
Redaktion Haus & Garten
Stichwort: Tierratgeber
Postfach 86 03 25
81630 München
Fax: 0 89/41 98 1-1 13
E-Mail:
leserservice@
graefe-und-unzer.de

> GU-Experten-Service

Haben Sie Fragen zu Haltung und Pflege? Dann schreiben Sie uns (bitte Adresse angeben). Unser Experte Engelbert Kötter hilft Ihnen gern weiter. Unsere Adresse finden Sie rechts.

Meine Rennmäuse

➤ **Name:** _____

So füttere ich sie:

➤ _____

_____

_____

Lieblingsspiele und Spielzeug:

_____

_____

_____

So wollen sie gepflegt werden:

_____

_____

_____

Das sind ihre Eigenheiten:

➤ _____

_____

_____

Besondere Kennzeichen:

_____

_____

_____

Das ist ihr Tierarzt:

_____

_____

_____

GU TIERRATGEBER

damit es Ihrem Heimtier gut geht

ISBN 3-7742-5582-2
64 Seiten | € 7,90 [D]

ISBN 3-7742-3957-6
64 Seiten | € 7,90 [D]

ISBN 3-7742-5586-5
64 Seiten | € 7,90 [D]

ISBN 3-7742-3839-1
64 Seiten | € 7,90 [D]

ISBN 3-7742-5585-7
64 Seiten | € 7,90 [D]

Tierisch gut! Die Welt der Heimtiere entdecken und alles erfahren, was man schon immer über sie wissen wollte. So klappt das Miteinander von Anfang an – mit Wohlfühl-Garantie fürs Tier.

WEITERE LIEFERBARE TITEL BEI GU:

➤ **GU TIERRATGEBER: Hamster, Zwergkaninchen, Meerschweinchen, Kanarienvögel, Unser Welpe, Erlebnis Aquarium und viele mehr**

Willkommen im Leben.

Änderungen und Irrtum vorbehalten.

WILLKOMMEN DAHEIM

Zum Eingewöhnen benötigen Rennmäuse **ein, zwei Tage Ruhe**, um ihre neue Umgebung mit allen Geräuschen und Gerüchen kennen zu lernen. Überraschen Sie Ihr Rudel mit einem tollen Käfig-Verbundsystem! **Zutrauen** gewinnt es schnell, wenn Sie sich stets zur gleichen Zeit mit ihm beschäftigen und spielen.

Wohlfühl-Garantie für Rennmäuse

PFLEGE-KNOW-HOW

Vor Ihnen als Pfleger werden die Rennies bald alle **Scheu verlieren**. Vorausgesetzt, Sie vermitteln ihnen von Anfang an das Gefühl, dass von Ihnen **zu keiner Zeit Gefahren** ausgehen. Unkalkulierbare, abrupte oder hektische Bewegungen vermeiden Sie also besser ebenso wie Lärm und lästige Gerüche.

BEACH-PARTY

Ganz der Gattungszugehörigkeit der Sandmäuse entsprechend, lieben Rennmäuse ein **trockenes Terrain**. Und dennoch baden auch sie gern – wenngleich im Sand. Das Bad im **Vogelsand** aus dem Zoofachhandel dient neben der Fellpflege auch dem Vergnügen.

DUFT-NOTE

Rennmäuse haben superempfindliche Nasen. Sie **markieren ihre Reviere** und erkennen ihre Clan-Mitglieder am Geruch. Aber sie haben einen **Riesenvorteil** gegenüber anderen Kleinnagern: Richtig gepflegte Rennmäuse riechen niemals unangenehm.